Thomas Ice und Timothy Demy
Die Wahrheit über
DER TEMPEL DER LETZTEN TAGE

cmf

Thomas Ice und Timothy Demy

Die Wahrheit über DER TEMPEL DER LETZTEN TAGE

Verlag C. M. Fliß
Lütt Kollau 17, 22453 Hamburg

Originaltitel: The Truth about ... The Last Days' Temple

Übersetzung: Claudia Gliemann
Umschlag: image design
Satz: Convertex, Aachen
Druck: Printed in Germany

1. Auflage 1998

ISBN 3-931188-16-7

Soweit nicht anders vermerkt, wurden die Bibelzitate der revidierten Elberfelder Bibelübersetzung entnommen.

Inhalt

Teil 1

Was ist der Tempel der letzten Tage?

Teil 2

Was lehrt die Bibel bezüglich der Tempel Israels?

Teil 3

Was wissen wir noch über den Tempel der Trübsalszeit?

Teil 4

Was wissen wir noch über den Tempel des Millenniums?

Teil 5

Welche Bedeutung haben diese Tempel für heutige Christen?

Diese Buchserie über prophetische Wahrheiten der Bibel ...

... will dem Leser in aller Kürze bestimmte Themen der biblischen Prophetie näherbringen und veranschaulichen. Zum leichteren Verständnis und zur besseren Übersicht wurden die Bücher dieser Serie im Frage-und-Antwort-Stil geschrieben. Um dem konsequenten Leser zu einem besseren Verständnis des jeweiligen Themenkomplexes zu verhelfen, bauen die Fragen gedankenmäßig aufeinander auf. Die einzelnen Bände stellen eine gründliche Ausarbeitung der entsprechenden Themen dar, erheben jedoch keinen Anspruch auf Vollständigkeit. Sie können diese Bände entweder in ihrer Gesamtheit durcharbeiten, sich jedoch auch nur mit einem einzelnen Thema beschäftigen.

Der in dieser Serie vertretene Standpunkt ist der des Prämillennialismus und des Prätribulationismus. Die Autoren sind sich bewußt, daß es innerhalb evangelikaler Kreise auch noch eine Reihe anderer Positionen gibt. Wir sind jedoch der Meinung, daß die diesen Bänden zugrunde liegende Sichtweise am häufigsten verbreitet ist und auch allgemein die größte Unterstützung erfährt. Wir sind weiterhin der Auffassung, der Prämillennialismus, und vor allem auch der Prätribulationismus, veranschaulichen Gottes prophetischen Plan, welchen er in der Bibel offenbart hat, am deutlichsten.

Die Beschäftigung mit der Prophetie und deren rätselhaften Aspekten ist ein höchst aufwendiges und kompliziertes – jedoch nicht hoffnungsloses und aussichtsloses – Unterfangen. Wir können uns täuschen, etwas falsch interpretieren und verwechseln. Die bloße Möglichkeit, daß derartiges geschehen könnte, sollte einen Christen jedoch weder von der Beschäftigung mit der Prophetie noch von ernsthaften und hilfreichen Diskussionen zu diesem Thema abhalten. Das Ziel dieser Serie ist es, all jenen, welche die Bibel gerne besser verstehen möchten, hier eine kurze, schlüssige und kontinuierliche Hilfestellung an die Hand zu geben. Wenn Sie sich dazu entschließen, sich etwas näher mit den jeweiligen Themen zu beschäftigen, werden Sie bemerken, daß Sie für Ihre Mühe auch belohnt und Ihr Wissen und Ihre Liebe zu unserem Herrn Jesus Christus und seinem Wort wachsen werden.

Teil 1

Was ist der Tempel der letzten Tage?

In Jahr 1989 erschien im *Time* Magazine ein Artikel mit der Überschrift »Zeit für einen neuen Tempel?«, der davon handelte, daß sich immer mehr fromme Juden nach der Errichtung eines neuen Tempels auf dem Tempelberg in Jerusalem sehnten. Der Artikel begann wie folgt:

> »Möge es dein Wille sein, daß der Wiederaufbau des Tempels noch zu unseren Lebzeiten geschehe ...« Diese an Gott gerichtete Bitte, die dreimal täglich im jüdischen Gebet wiederholt wird, drückt eine Sehnsucht aus, die den Tempelberg in Jerusalem höchstwahrscheinlich zu den 35 brisantesten Morgen Land der Erde macht.[1]

Und diese Sehnsucht hält bis heute unvermindert an. Tatsächlich haben die Erwartungshaltung und die Vorbereitungen bezüglich des Wiederaufbaus sogar noch zugenommen. Die ehemals geringe Unterstützung der israelischen Öffentlichkeit im Hinblick auf den Wiederaufbau des Tempels steigt beständig an. Die Atmosphäre im Nahen Osten ist weiterhin angespannt, und die religiösen und politischen Probleme dieser Region bestimmen noch immer die Schlagzeilen der Welt. Doch selbst die gegenwärtigen turbulenten Zeiten können die intensiven Bemühungen der Aktivisten der Tempelbewegung nicht mindern.

Auf dem Tempelberg – der wohl bedeutendsten Immobilie der Welt – prallen die Kräfte von Politik, Diplomatie, Religion und Kultur aufeinander. Einer der Hauptkonfliktpunkte zwischen Juden und Muslimen besteht in der Tatsache, daß sich heute eine muslimische Moschee, der Felsendom, an jener Stelle befindet, an der früher einmal der Jerusalemer Tempel gestanden haben soll. Der Tempelaktivismus hat jedoch zu internationaler Besorgnis und internationalen Konflikten geführt und bleibt weiterhin ein kritischer Konfliktpunkt, der durchaus für den nächsten Weltkrieg verantwortlich sein könnte. Für dieses komplexe internationale und heftig diskutierte Drama gibt es jedoch keine einfache Patentlösung.

Der Anführer der Getreuen des Tempelberges, Dr. Gerschom Salomon, einer der bekanntesten und lautstärksten Befürworter eines wiederauferbauten Tempels, erklärt:

> Ich glaube, daß dies der Wille Gottes ist. Er (der Felsendom) muß weichen. Wissen Sie, wir müssen ihn entfernen. Und heute verfügen wir über die notwendige Technologie, um ihn mit allergrößter Sorgfalt Stein für Stein abzutragen, einzupacken und dann nach Mekka zurückzusenden, jenen Ort, von dem er hierhergebracht wurde.[2]

Äußerungen wie diese sind höchst emotionsgeladen und werden mit fester Entschlossenheit vertreten. Jegliche Handlungen hinsichtlich des Tempelberges sorgen jedoch unweigerlich für heftige Auseinandersetzungen und Verurteilungen von einer oder mehreren der beteiligten religiösen oder politischen Gruppierungen.

Und dennoch ist der Traum vom Wiederaufbau des Tempels sowohl realistisch als auch biblisch korrekt. Dieser Traum wird eines Tages Wahrheit werden. *Die Bibel lehrt eindeutig, daß der Wiederaufbau wirklich stattfinden wird.* Die Freude über diesen neuen Tempel wird jedoch nur von kurzer Dauer sein, und der Gottesdienst wird sehr bald beendet werden. Die Seiten der Geschichte wie auch der Bibel berichten davon, daß der neue Tempel weder der erste noch der letzte sein wird. Dieser Tempel wird zwar mit hundertprozentiger Sicherheit errichtet werden, doch genauso gewiß ist auch die Tatsache, daß der Wiederaufbau während einer höchst ereignisreichen und turbulenten Zeit erfolgen wird.

1. Wie viele Tempel werden in der Bibel erwähnt?

Die Bibel verwendet den Begriff *Tempel* auf unterschiedliche Art und Weise. Das Wort *Tempel* basiert auf dem lateinischen Begriff *templum*, der wiederum eine Übersetzung des hebräischen Substantivs *hekal* ist und »großes Haus« bedeutet. Im Alten Testament wird der Tempel nahezu immer mit dem Jerusalemer Tempel in Verbindung gebracht. Auch im Neuen Testament bezieht sich der Tempel in erster Linie stets auf den Jerusalemer Tempel. Jesus Christus verglich jedoch auch seinen Körper mit diesem Tempel (siehe Matthäus 26,61; Markus 14,58; 15,29; Johannes 2,19). Der Apostel Paulus spricht vom »Tempel im Herrn« als einem geistlichen Tempel (Epheser 2,21) und dem Leib jedes einzelnen Gläubigen als einem »Tempel des Heiligen Geistes«: »Wißt ihr nicht, daß ihr Gottes Tempel seid und der Geist Gottes in euch wohnt?« (1. Korinther 3,16; siehe auch 6,19).

Bisweilen spricht die Bibel auch von einem himmlischen Tempel. Jesaja wurde in den Himmel entrückt und zeichnet ein Bild, das durchaus dem himmlischen Tempel entsprechen könnte (Jesaja 6). Nachdem Johannes, der Verfasser des Buches der Offenbarung, in den Himmel entrückt worden war, spricht er insbesondere von einem himmlischen Tempel, von dem aus Gott die Gerichte der Trübsalszeit überwacht und seine Engel zur Ausführung seiner Anordnungen aussendet (Offenbarung 7,15; 11,19; 14,15.17; 15,5.6.8; 16,1.17). Der himmlische Tempel dient in gewisser Weise als Beispiel für die verschiedenen irdischen Wohnungen Gottes (z. B. die Stiftshütte, den Tempel und den geistlichen Tempel).

Bezüglich des Jerusalemer Tempels spricht die Bibel insgesamt von vier Tempeln.

> Die Bibel spricht von vier Tempeln in Jerusalem. Zwei (der Tempel des Salomo und des Herodes) existierten in der Vergangenheit, doch zwei weitere (der Tempel der Trübsalszeit und der Tempel des Millenniums) sollen laut den Prophetien noch in der Zukunft errichtet werden. Der letzte Tempel (der Tempel des Millenniums) wird vom Herrn Jesus Christus selbst errichtet werden, wenn er sein messianisches Königreich antreten wird ... Dem Tempel des Millenniums muß jedoch der Tempel der Trübsalszeit vorangehen.[3]

In der Ewigkeit wird es allerdings keinen Tempel mehr geben.

»(Ein Engel) zeigte mir die heilige Stadt Jerusalem, wie sie aus dem Himmel von Gott herabkam ... Und ich sah keinen Tempel in ihr, denn der Herr, Gott, der Allmächtige, ist ihr Tempel, und das Lamm« (Offenbarung 21,10.22).

2. Inwieweit bereitete die Stiftshütte Israel auf den Tempel vor?

Die Stiftshütte könnte als eine Art »mobiler Tempel« verstanden werden – ein wandernder Tempel für ein wanderndes Volk. »Die Stiftshütte war ein zeitlich begrenztes Gebilde, das bis zur politischen und geistlichen Vereinigung der Israeliten

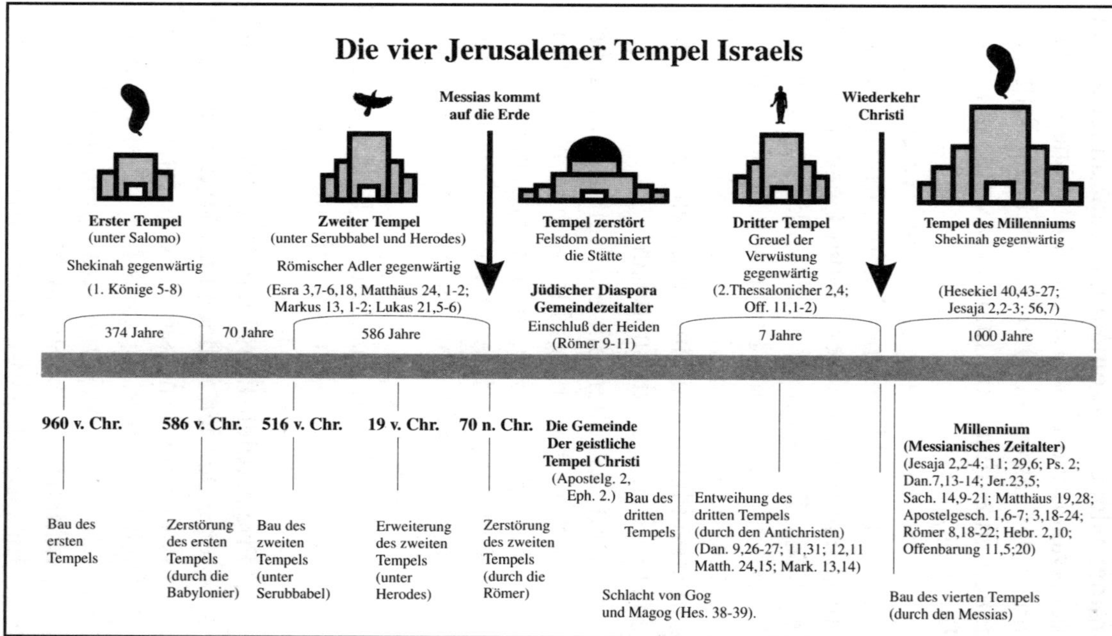
Die vier Jerusalemer Tempel Israels
Messias kommt auf die Erde
Wiederkehr Christi
Erster Tempel (unter Salomo)
Shekinah gegenwärtig
(1. Könige 5-8)
Zweiter Tempel (unter Serubbabel und Herodes)
Römischer Adler gegenwärtig
(Esra 3,7-6,18, Matthäus 24, 1-2; Markus 13, 1-2; Lukas 21,5-6)
Tempel zerstört
Felsdom dominiert die Stätte
Jüdischer Diaspora Gemeindezeitalter
Einschluß der Heiden (Römer 9-11)
Dritter Tempel
Greuel der Verwüstung gegenwärtig
(2.Thessalonicher 2,4; Off. 11,1-2)
Tempel des Millenniums
Shekinah gegenwärtig
(Hesekiel 40,43-27; Jesaja 2,2-3; 56,7)
374 Jahre
70 Jahre
586 Jahre
7 Jahre
1000 Jahre
960 v. Chr.
586 v. Chr.
516 v. Chr.
19 v. Chr.
70 n. Chr.
Die Gemeinde Der geistliche Tempel Christi (Apostelg. 2, Eph. 2.)
Millennium (Messianisches Zeitalter)
(Jesaja 2,2-4; 11; 29,6; Ps. 2; Dan.7,13-14; Jer.23,5; Sach. 14,9-21; Matthäus 19,28; Apostelgesch. 1,6-7; 3,18-24; Römer 8,18-22; Hebr. 2,10; Offenbarung 11,5;20)
Bau des ersten Tempels
Zerstörung des ersten Tempels (durch die Babylonier)
Bau des zweiten Tempels (unter Serubbabel)
Erweiterung des zweiten Tempels (unter Herodes)
Zerstörung des zweiten Tempels (durch die Römer)
Bau des dritten Tempels
Entweihung des dritten Tempels (durch den Antichristen) (Dan. 9,26-27; 11,31; 12,11 Matth. 24,15; Mark. 13,14)
Schlacht von Gog und Magog (Hes. 38-39).
Bau des vierten Tempels (durch den Messias)

immer wieder von einem Ort zum anderen weitergetragen wurde.«[4] Da die Stiftshütte den Vorläufer des salomonischen Tempels darstellte, ähnelten ihre Funktion und ihr Zweck jenen des Tempels.

Nach der Befreiung aus der Sklaverei in Ägypten wurde Israel zu einer Nation. Zu jenem Zeitpunkt manifestierte sich Gottes Gegenwart während des Tages durch eine Wolke und während der Nacht durch eine Feuersäule. Sobald die Israeliten sich jedoch nicht mehr vor der Verfolgung des Pharaos fürchten mußten, wies der Herr sie zum Bau der Stiftshütte an:

> Und sie sollen mir ein Heiligtum machen, damit ich in ihrer Mitte wohne. Nach allem, was ich dir zeige, (nämlich) dem Urbild der Wohnung und dem Urbild all ihrer Geräte, danach sollt ihr es machen (2. Mose 25,8.9).

> So werde ich das Zelt der Begegnung und den Altar heiligen. Und Aaron und seine Söhne werde ich heiligen, damit sie mir den Priesterdienst ausüben. Und ich werde mitten unter den Söhnen Israel wohnen und ihr Gott sein. Und sie werden erkennen, daß ich, der Herr, ihr Gott bin, der ich sie aus dem Land Ägypten herausgeführt habe, um mitten unter ihnen zu wohnen, ich, der Herr, ihr Gott (2. Mose 29,44-46).

Selbst als Israel noch nicht im Gelobten Land angekommen war, sorgte Gott bereits für eine zukünftige Zeit vor, in der die Stiftshütte vom Tempel abgelöst werden sollte.

> Sondern ihr sollt die Stätte aufsuchen, die der Herr, euer Gott, aus all euren Stämmen erwählen wird, um seinen Namen dort niederzulegen, daß er (dort) wohne, und dahin sollst du kommen ... Seid ihr aber über den Jordan gezogen und wohnt in dem Land, das der Herr, euer Gott, euch erben läßt und hat euch Ruhe verschafft vor all euren Feinden ringsum, daß ihr sicher wohnt, dann soll es geschehen: die Stätte, die der Herr, euer Gott, erwählen wird, seinen Namen dort wohnen zu lassen, dahin sollt ihr alles bringen, was ich euch gebiete: eure Brandopfer und eure Schlachtopfer, eure Zehnten und das Hebopfer eurer Hand und all das Auserlesene eurer Gelübde, die ihr dem Herrn geloben werdet (5. Mose 12,5.10.11).

Nachdem das Volk im Gelobten Land angekommen und David König geworden war, erhielt er von Gott die ersten Anweisungen bezüglich des Tempelbaus. Doch Davids Traum wurde erst unter Salomo Wirklichkeit. Unmittelbar nach der Tempelweihe verlagerte sich Gottes sichtbare Gegenwart daraufhin schließlich von der Stiftshütte in den Tempel. »Und jetzt habe ich dieses Haus erwählt und geheiligt, damit mein Name dort sei für ewig. Und meine Augen und mein Herz sollen dort sein alle Tage« (2. Chronik 7,16).

Die zeitlich begrenzte Stiftshütte bereitete den Weg für den dauerhaften Tempel. Sie diente Israel als Musterbeispiel dafür, wie die Anbetung des Herrn erfolgen solle und wozu diese diene. Sobald Israel die Anbetung von der Stiftshütte in den Tempel verlagert hatte, war dieser für die gesamte darauffolgende Geschichte die dauerhafte und heilige Stätte der Gegenwart Gottes.

3. Wozu dient der Tempel Israels?

Der Tempel Israels versah Gottes Volk mit einem sichtbaren Symbol seiner unsichtbaren Gegenwart und lehrte die Juden viele Lektionen. Obwohl Israel den Heiden dahingehend ähnelte, daß diese ebenfalls Tempel für ihre Götter hatten, so unterschied sich Israels Tempel doch in vielerlei Hinsicht von jenen der Heiden:

> Überall im Nahen Osten wurden Tempel als königliche Residenzen für die Götter des Volkes erbaut. Die Aufgabe der Menschen bestand darin, für die physischen Bedürfnisse dieser Götter aufzukommen: für Nahrung, Wasser, Kleidung und unzählige Köstlichkeiten. Für diese Dienste erwarteten sie wiederum von den Göttern, daß die-

se sich um ihre menschlichen Bedürfnisse kümmerten.

Der Gottesdienst der Israeliten unterschied sich jedoch von dieser heidnischen Gottes- und Tempelauffassung. Der Gott der Israeliten war kein Gott eines bestimmten Gebietes und er konnte auch nicht auf ein bestimmtes Gebiet begrenzt werden. Er war der eine Überirdische, dessen Wesen nicht auf irgendein physisches Gebilde beschränkt werden konnte und der kein Schutzgebiet und auch keinen Zufluchtsort benötigte.

Weiterhin mußten die Israeliten auch nicht die Bedürfnisse ihres Gottes zufriedenstellen. Er war der eine, der sich mit seinem unerschöpflichen Reichtum göttlicher Mittel um die Bedürfnisse der Menschen kümmerte ... Auch die Gegenwart Gottes im Tempel der Israeliten unterschied sich von der Gegenwart der Götter in allen heidnischen Tempeln der ganzen Welt. Deshalb sollte der Gott Israels auch nicht, wie dies bei den Kanaanitern üblich war, durch ein Götzenbild (2. Mose 20,4; 5. Mose 4,15-19) dargestellt und in einen Schrein gestellt werden (Hesekiel 8,2-12).

Der Tempel Israels war kein Ort, an dem die Menschen *Gottes Bedürfnissen* nachka-

> men, sondern vielmehr ein Ort, an dem Gott sich um die *Bedürfnisse seines Volkes kümmerte.*[5]

Seit dem Garten Eden war es Gottes Wunsch, mit seinem Volk Gemeinschaft zu haben und unter ihm gegenwärtig zu sein. Die Grammatik des Hebräischen in 1. Mose 3,8 läßt darauf schließen, daß der Garten Eden vor dem Sündenfall ein Ort war, an dem Gott mit Adam und Eva Gemeinschaft hatte. »Und sie hörten die Stimme Gottes, des Herrn, der im Garten wandelte bei der Kühle des Tages. Da versteckten sich der Mensch und seine Frau vor dem Angesicht Gottes, des Herrn, mitten zwischen den Bäumen des Gartens.«

Nach dem Einzug der Sünde in die Welt war es jedoch unmöglich, daß ein heiliger Gott der sündigen Menschheit weiterhin von Angesicht zu Angesicht begegnete. Deshalb wurde der Mensch aus dem Garten Eden vertrieben und dieser fortan von Engeln bewacht (1. Mose 3,22-24).

Doch die heilige Gegenwart Gottes sollte auch in einer sündigen Welt unter den Menschen wohnen und mit ihnen Gemeinschaft haben. Hierfür bedurfte es jedoch eines heiligen Ortes wie zum Beispiel der Stiftshütte oder dem späteren Tempel Israels.

Während Gottes Hauptanliegen hinsichtlich des Tempels in erster Linie darin bestand, seine Gegenwart zu manifestieren und seine Gunst gegenüber seinem erwählten Volk zu zeigen, so gab es doch auch noch eine ganze Reihe anderer Gründe, die für den Bau eines Tempels sprachen: Der Tempel erinnerte das Volk jeden Tag daran, daß ihr Gott ein heiliger Gott und Israel ein erwähltes Volk war; die Priesterschaft und die täglichen Rituale zeigten, daß sich die sündigen Menschen der Gegenwart Gottes in einer angemessenen Art und Weise nähern mußten; die täglich dargebrachten Opfer wiesen auf Jesu Tat am Kreuz voraus; und der Tempel war ein Zeichen dafür, daß Israel stets ein von der Welt getrenntes und heiliges Leben führen müsse.

Der Tempel stellt jenen faß- und sichtbaren Fixpunkt dar, an dem die Heiligkeit des Himmels inmitten einer in Sünde gefallenen Schöpfung wohnen kann.

4. An welcher Stelle der Bibel erfahren wir etwas über den Tempel der letzten Tage?

Die Bibel spricht von zwei zukünftigen Tempeln Israels. Die ersten beiden Tempel existierten bereits in der Vergangenheit, während die letzten beiden erst in der Zukunft existieren werden. Der nächste Tempel wird der Tempel der Trübsalszeit sein (der dritte), während der Tempel des Millenniums (der vierte Tempel) von Jesus Christus nach seiner Wiederkehr auf den Planeten Erde für sein messianisches Königreich errichtet werden wird.

Der Tempel der Trübsalszeit
In der Bibel gibt es keine Textstelle, die ausdrücklich besagt: »Es wird einen dritten Tempel geben.« Die Tatsache, daß es zumindestens nach der ersten Hälfte der siebenjährigen Trübsalszeit einen jüdischen Tempel in Jerusalem geben wird, erfährt jedoch durch mindestens vier Bibelstellen eine gewisse Unterstützung:

Daniel 9,27

> Und stark machen wird er (der Antichrist) einen Bund für die Vielen (das Volk Israel), eine Woche lang (sieben Jahre); und zur Hälfte der Woche (dreieinhalb Jahre) wird er (der Antichrist) Schlachtopfer und Speisopfer aufhören lassen. Und auf dem Flügel von Greueln (dem Altar im Tempel) (kommt) ein Verwüster (der Antichrist), bis festbeschlossene Vernichtung über den Verwüster (den Antichristen) ausgegossen wird.

Diese Textstelle sagt vorher, daß es eine zukünftige Zeitspanne von 7 Jahren geben wird, während der Antichrist den Tempel des Volkes Israels nach 3 $^1/_2$ Jahren durch eine schändliche Handlung entweihen wird. Damit dies geschehen kann, muß es jedoch zuvor einen Tempel in Jerusalem geben. Aufgrund dieses zukünftigen Ereignisses gelangen wir zu der Schlußfolgerung, daß der dritte Tempel zu jener Zeit bereits erbaut sein und als solcher auch genutzt werden muß.

Auch Daniel 11,31 spricht von einem zukünftigen Ereignis, einem Zeitpunkt, an dem »das regelmäßige Opfer« abgeschafft und *»der verwüstende Greuel«* im dritten Tempel aufgestellt werden wird. Der Prophetieexperte John Walvoord merkt an: »Der Tempel jener zukünftigen Zeit wird genauso geschändet werden wie der Tempel im zweiten Jahrhundert vor Christus. Zu jener Zeit hatte Antiochus den Tempel geschändet, die Opfer im Tempel beendet und diesen fortan heidnischen Zwecken unterstellt.«[6] Hierauf bezieht sich auch der Text aus Daniel 12,11: »Und von der Zeit an, in der das regelmäßige (Opfer) abgeschafft wird, um den verwüstenden Greuel einzusetzen, sind es 1290 Tage.«

Matthäus 24,15.16

> Wenn ihr nun den Greuel der Verwüstung, von dem durch Daniel, den Propheten, geredet ist, an heiliger Stätte stehen seht – wer es liest, der merke auf! – dann sollen die in Judäa auf die Berge fliehen.

Wenn Jesus hier von »dem Greuel der Verwüstung« spricht, der »an heiliger Stätte steht«, dann bezieht er sich auf jenes Ereignis, das auch von Daniel in Daniel 9,27 beschrieben wird. Die »heilige Stätte« bezieht sich auf den heiligsten Raum im Tempel Israels. Von welchem Tempel ist hier jedoch die Rede? Da der Text von einem zukünftigen Ereignis spricht, können wir davon ausgehen, daß sich dieser auf den dritten Tempel bezieht. Von Dr. Tim LaHaye erfahren wir: »Matthäus 24,15 stellt eine Beschreibung des ›Greuels der Verwüstung‹ dar, jenes Zeitpunktes also, an dem der Antichrist den wiedererrichteten Tempel in Jerusalem entweihen wird.« Schließlich fügt er hinzu: »Natürlich muß dieser Entweihung zunächst der Wiederaufbau des Tempels vorangegangen sein.«[7]

2. Thessalonicher 2,3.4

> Daß niemand euch auf irgendeine Weise verführe! Denn (dieser Tag [des Herrn] kommt nicht), es sei denn, daß zuerst der Abfall gekommen und der Mensch der Gesetzlosigkeit geoffenbart worden ist, der Sohn des Verderbens; der sich widersetzt und sich überhebt über alles, was Gott heißt oder Gegenstand der Verehrung (ist), so daß er sich in den Tempel Gottes setzt und sich ausweist, daß er Gott sei.

In dieser Textstelle lesen wir zum dritten Mal vom »Greuel der Verwüstung«. Dieser Begriff bezieht sich an dieser Stelle auf jenen Zeitpunkt, an dem sich der Antichrist »in den Tempel Gottes setzt«. Und wieder stellt sich die Frage: Von welchem Tempel ist hier die Rede? Zweifelsohne vom dritten Tempel. Von Dr. Charles Ryrie erfahren wir: »Nach der ersten Hälfte der Trübsalszeit wird der Antichrist den wiedererbauten jüdischen Tempel in Jerusalem entweihen, indem er sich in genau diesen Tempel setzt, um sich dort selbst von seinen Untergebenen verehren zu lassen.«[8] Dieser Akt, durch den er sich selbst an die Stelle Gottes setzt, stellt den Greuel der Verwüstung dar.

Offenbarung 11,1.2

> Und es wurde mir ein Rohr, gleich einem Stab, gegeben und gesagt: Steh auf und miß den Tempel Gottes und den Altar und die, welche darin anbeten! Und den Hof, der außerhalb des Tempels ist, laß aus und miß ihn nicht! Denn er ist den Nationen gegeben worden, und sie werden die heilige Stadt zertreten 42 Monate.

Da diese Textstelle der Offenbarung in den Kontext der Trübsalszeit eingebettet ist, können wir davon ausgehen, daß diese sich auf den dritten Tempel Israels in Jerusalem bezieht.

Der Tempel des Millenniums

Die Bibel lehrt in Hesekiel 40-48, daß es einen vierten Tempel geben wird. Dieser letzte Tempel wird das Zentrum der Anbetung Jesu Christi während des Millenniums sein.

> Und er sprach zu mir: Menschensohn, (sieh) die Stätte meines Thrones und die

> Stätte meiner Fußsohlen, wo ich mitten unter den Söhnen Israel wohnen werde für ewig. Und das Haus Israel wird meinen heiligen Namen nicht mehr unrein machen – weder sie noch ihre Könige – durch ihre Hurerei und durch die Leichen ihrer Könige, wenn sie sterben (Hesekiel 43,7).
>
> Du, Menschensohn, berichte dem Haus Israel (über) das Tempelhaus, damit sie sich ihrer Sünden schämen, und das Modell messen (Hesekiel 43,10).

Des weiteren finden sich in folgenden Textstellen des Alten Testamentes Hinweise darauf, daß im Tempel des Millenniums Opfer dargebracht werden: Jesaja 56,7; 60,7.13; 66,20-23; Jeremia 33,15-22; Sacharja 14,16-21.

Teil 2

Was lehrt die Bibel bezüglich der Tempel Israels?

5. Was lehrt die Bibel bezüglich des ersten Tempels?

Der erste Tempel (auch bekannt als der Tempel Salomos) wurde von König Salomo nach dem Tod seines Vaters David erbaut. Obwohl David den Tempel eigentlich selbst errichten wollte, ließ

Gott dies nicht zu, da David kein Mann des Friedens, sondern ein Mann des Krieges gewesen war (siehe 1. Könige 5,3; 2. Samuel 7,1-13). Der Tempel sollte jener Ort sein, an dem die Bundeslade auf Dauer untergebracht sein und an dem das Volk den Herrn anbeten sollte.

Salomo begann mit dem Bau des Tempels im vierten Jahr seiner Königsherrschaft (ca. 967-960 v. Chr.) und vollendete diesen sieben Jahre später (1. Könige 6,1.37.38). Ausführliche Berichte über den Bau des Tempels finden sich in 1. Könige 5-8 und 2. Chronik 2.

Salomos Tempel, der den Maßen der Stiftshütte folgte, nahm eine Fläche von 3500 Quadratfuß ein und befand sich auf einer 10 Fuß hohen Plattform. Zehn Stufen führten zum Eingang hinauf. Zwei Messingpfeiler, die ungefähr 40 Fuß hoch waren und einen Durchmesser von zwölf Fuß hatten, befanden sich zu beiden Seiten dem Tempeleingangs. Der erste und kleinste Raum des Tempels war eine Vorhalle, die in den Hauptraum führte, den zweiten von drei Räumen, den die Bibel als die Heilige Stätte bezeichnet.

> Die Innenwände des Heiligtums waren mit Zedernholz verkleidet und mit kunstvollen vergoldeten Schnitzereien verziert. Der Fußboden war mit Zypressenholz ausgelegt, so daß der Steinfußboden nicht mehr zu sehen war. Zusätzlich hatte Salomo die-

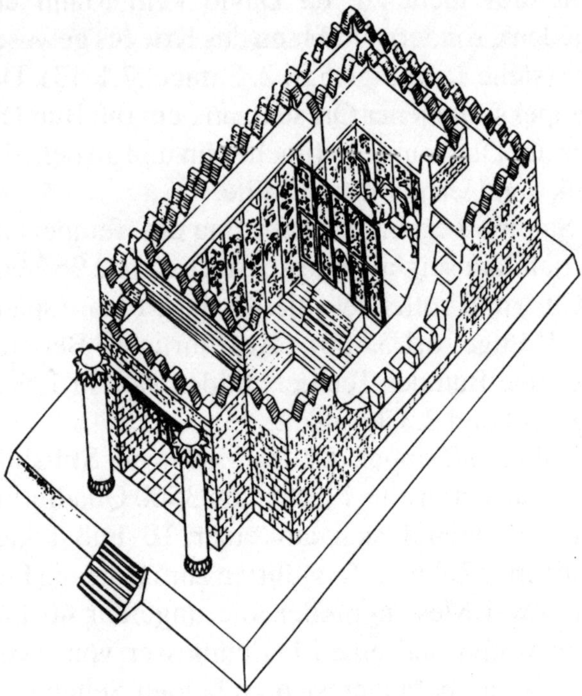

Salomos majestätischer Tempel

sen Raum noch mit wundervollen Edelsteinen ausschmücken lassen.

Innerhalb dieses ehrwürdigen Hauptraumes befinden sich die herrliche siebenarmige *Menorah*, auch Kandelaber genannt, der Schaubrottisch, auf dem sich das heilige Brot der Gegenwart befindet, und der goldene Räucheropferaltar, auf dem aromatische Gewürze verbrannt wurden, um den schrecklichen Gestank der im Freien stattfindenden Opfer zu überdecken. In diesem Raum befanden sich auch die zehn Tische (je fünf an Nord- und Südseite), die zehn Lampen auf Leuchtern sowie unzählige Gegenstände, welche die Priester zur Verrichtung ihres Tempeldienstes benötigten.[9]

Der dritte und letzte Raum war der bedeudendste – das Allerheiligste.

Das *Debir*, der letzte Raum, ist sowohl durch eine Mauer als auch durch einen Vorhang vor den Augen der Öffentlichkeit geschützt. Die Tür zu diesem Raum bleibt, bis auf wenige sehr seltene Gelegenheiten, stets verschlossen. Der Zutritt zu diesem Raum, der auch als »das Allerheiligste« bezeichnet wird, ist nur dem Hohenpriester erlaubt, und auch ihm nur einmal im Jahr an *Jom Kippur*, dem hohen und heiligen Versöhnungstag. In diesem Raum, einem perfekten Würfel zu je 35 Fuß Höhe, Länge und Breite, der mit 23 Tonnen Gold verkleidet ist, steht die großartige und ebenfalls mit Gold verzierte Bundeslade.

Die Bundeslade ruhte auf einer Felsenplattform, die auch als *Ebener Shetiyyah* (»Grundstein«) bezeichnet wurde.[10] Beim Betreten des Allerheiligsten stellt der Hohepriester die Feuerpfanne auf diesen Felsen.[11] (Spätere jüdische Quellen besagen, daß diese große Felsmasse den Grund des gesamten Tempels darstellte und daß er lediglich im Allerheiligsten durch den Fußboden zum Vorschein kam.)[12]

Da es in der darauffolgenden Zeit mit Israel in geistlicher Hinsicht immer mehr bergab ging und der Götzendienst mit den Jahren immer mehr zunahm, kam das Gericht Gottes im Jahre 721 v. Chr. zuerst über das Nordreich. Das Südreich, zu dem auch Juda und der Tempel in Jerusalem zählte, erlebten das Gericht Gottes erst 135 Jahre später. Der Herr erklärte durch seine Propheten: »Auch Juda will ich von meinem Angesicht entfernen, wie ich Israel entfernt habe; und ich will diese Stadt verwerfen, ... Jerusalem, und das Haus, von dem ich gesagt habe: Mein Name soll dort sein!« (2. Könige 23,27).

Die Zerstörung Jerusalems durch König Nebukadnezar und die Babylonier vollzog sich in mehreren Phasen. Im Jahr 605 v. Chr. beraubte Nebukadnezar dem Südreich dessen Führung, als er den König des Südreiches, dessen Hof sowie die besten und fähigsten Arbeitskräfte (einschließlich Daniels und dessen Freunde) als Sklaven nach Babylon abführen ließ. Der Prophet Hesekiel warnte die Nation vor weiteren Gerichten, als er in einer Vision die *Shekinah*-Herrlichkeit (die Gegenwart Gottes) den Tempel verlassen und über dem Ölberg gen Osten aufsteigen sah (Hesekiel 10,18.19). Im Jahr 586 zerstörte die babylonische Armee Jerusalem und brannte den Tempel nieder (2. Könige 25,8.9; 2. Chronik 36,18.19).

Jeremia, der Prophet und Verfasser der Klagelieder, beklagt die Zerstörung des salomonischen Tempels wie folgt: »Verstoßen hat der Herr seinen Altar, entweiht sein Heiligtum; er hat die Mauern ihrer Paläste der Hand des Feindes preisgegeben; Lärm erhob sich im Haus des Herrn wie an einem Festtag« (Klagelieder 2,7).

6. Was lehrt die Bibel bezüglich des zweiten Tempels?

Israels babylonische Gefangenschaft währte 70 Jahre. Im Jahr 538 v. Chr. ließ der Herr schließlich einen Überrest von 50000 Juden unter der Führung Serubbabels in ihr Land zurückkehren. Jesaja hatte vorhergesagt, daß der Auftrag zum Wiederaufbau des Tempels von dem Perserkönig Kyrus erteilt werden würde: »Der von Kyrus spricht: Mein Hirte, er wird alles ausführen, was mir gefällt, indem er von Jerusalem sagen wird: Es werde aufgebaut, und der Grundstein des Tempels werde gelegt!« (Jesaja 44,28).

Das Buch Esra im Alten Testament berichtet von Israels Bemühungen, den Tempel wiederaufzubauen. Wir erfahren, daß die Israeliten nach ihrer Rückkehr nach Jerusalem das Fundament des zweiten Tempels legten und hierbei den Umrissen des salomonischen Tempels folgten (Esra 3,7-10). Die Tempelgefäße und -geräte wurden von Babylon nach Jerusalem zurückgebracht, ein Altar wurde errichtet, die ersten Opfer wurden dargebracht und der biblische Festzyklus erneut eingeführt (Esra 1,7-11; 3,1-5). Für die Juden bedeutet die Wiederherstellung des Opfersystems im Tempel einen funktionsfähigen Tempel, und zwar unabhängig davon, ob die Bauarbeiten am Tempel bereits abgeschlossen sind oder nicht.

Die weiteren Arbeiten am Bau des Tempels wurden jedoch durch die Opposition samaritischer Bewohner des Nordreiches behindert und erst 15 Jahre später wieder aufgenommen. Die tatsächliche Fertigstellung des Tempels erfolgte schließlich im Jahre 515 v. Chr. aufgrund eines Erlasses des Perserkönigs Darius, der nicht nur den Wiederaufbau erlaubt hatte, sondern auch angeordnet hatte, daß örtliche Steuern (einschließlich jener der Samariter!) zum Wiederaufbau des Tempels verwendet werden sollten (Esra 6,1-15).

Verglichen mit dem Tempel Salomos war der zweite Tempel ein eher bescheidenes Gebäude. Im Jahre 20 v. Chr. erfuhr dieser Tempel jedoch unter Herodes dem Großen eine umfangreiche Erweiterung und Veränderung. Herodes verdoppelte die Höhe des ursprünglichen zweiten Tempels und ließ diesen auch in beträchtlichem Umfang verbreitern. Im allgemeinen wird davon ausgegangen, daß der zweite Tempel aufgrund der von Herodes durchgeführten Veränderungen den Tempel Salomos an Pracht und Schönheit noch übertraf – viele Menschen der damaligen Zeit waren der Meinung, dieser Tempel sei das schönste Gebäude auf der ganzen Welt. Der zweite Tempel wurde als eines der Wunder der alten Welt angesehen. Der Historiker Josephus erzählt uns, daß der Tempel aus Marmor gefertigt und mit Gold verziert worden war und von weitem einem in der Sonne glitzernden Berg aus Schnee glich: »Wer den Tempel des Herodes nicht gesehen hat, der hat in seinem Leben noch kein wunderschönes Gebäude gesehen.«[13]

Auch unser Herr Jesus Christus versah seinen Dienst zur Zeit dieses zweiten Tempels. Viele Erzählungen des Evangeliums und Ereignisse im Buch der Apostelgeschichte fanden im Tempelgebäude des Herodes statt. Die Weigerung der Juden, Jesus als den Messias anzuerkennen, dreht sich ebenfalls um diesen Tempel. Als Jesus Christus auf dem Ölberg saß und sich den Tempel besah, weinte er über Jerusalem. Die Menschen in Jerusalem hatten ihn abgelehnt, und in Kürze würde das Gericht über diese Stadt erfolgen:

> Jerusalem, Jerusalem, die da tötet die Propheten und steinigt, die zu ihr gesandt sind! Wie oft habe ich deine Kinder versammeln wollen, wie eine Henne ihre Küken versam-

melt unter ihre Flügel, und ihr habt nicht gewollt! Siehe, euer Haus wird euch öde gelassen; denn ich sage euch: Ihr werdet mich von jetzt an nicht sehen, bis ihr sprecht: »Gepricsen sei, der da kommt im Namen des Herrn!« (Matthäus 23,37-39).

Das Gericht über Jerusalem und den Tempel begann schließlich damit, daß sich jüdische Zeloten im Jahr 66 n. Chr. gegen Rom auflehnten.

Ein sensationeller Akt des Widerstandes fand im Tempel statt, als Eleazar, der Sohn des Hauptmanns des Tempels, befahl, das kaiserliche Opfer zu beenden (welches dem Kaiser während der römischen Herrschaft neben dem traditionellen jüdischen Gottesdienst dargebracht wurde). Roms hervorragende zehnte Legion versuchte daraufhin, den Tempelberg zurückzugewinnen, scheiterte jedoch und verlor einen Großteil ihrer Ausrüstung an die jüdischen Verteidiger.

Aufgrund dieses Widerstandes, der sich schließlich zu einer ausgewachsenen Revolte entwickelte, befand sich bald ganz Judäa in jüdischer Hand. Kaiser Nero, der über den Erfolg dieser Revolte verärgert war, sandte daraufhin seinen besten Befehlshaber, Vespasian, mit den besten Legionen Roms nach Jerusalem, um die dortige Rebellion um jeden Preis niederzuschlagen. Im Jahre 69 n. Chr. hatten die Römer schließlich nach erbitterten Kämpfen alle Gebiete Jerusalems zurückerobert und Vespasian, der erst kürzlich Nero auf den Kaiserthron gefolgt war, übertrug seinem Sohn, Titus, die Verantwortung über den Jerusalem-Feldzug.

Unmittelbar nach der Belagerung Jerusalems beriet sich Titus mit den Offizieren seiner Armee bezüglich des Schicksals des Tempels. Über die daraufhin getroffenen Anweisungen gibt es unterschiedliche Berichte. Der römische Historiker Tacitus berichtet, ein Großteil der Offiziere sei der Meinung gewesen, nur die völlige Zerstörung des Tempels könne einen dauerhaften Frieden garantieren. Demzufolge wurden am neunten Tag des jüdischen Monats Aw im Jahr 70 n. Chr. die Stadt wie auch der Tempel, wie von Daniel vorhergesagt, niedergebrannt.

Josephus berichtet, Titus habe ausdrücklich Anweisung gegeben, daß der Tempel nicht beschädigt werden sollte, daß jedoch ein Soldat, einer flüchtigen Eingebung folgend, eine Fackel in den Säulengang des Tempels geworfen habe und somit die darin befindlichen Wandteppiche angezündet habe. Durch die starke Hitze des Feuers, so

> wird berichtet, sei das Gold an den Wänden geschmolzen und in die Ritzen zwischen den Steinen gelaufen. Als die römischen Soldaten nach Ende des Brandes versuchten, das Gold aus diesen Ritzen zu lösen, zerstörten sie die gesamten Mauern des Tempels und erfüllten somit die Vorhersage Jesu, daß nicht ein Stein des Tempels auf dem anderen bleiben würde.[14]

Somit war nun also der zweite Tempel genauso wie der erste der Zerstörung zum Opfer gefallen. Die Zerstörung des zweiten Tempels im Jahre 70 n. Chr. ist jedoch der Ausgangspunkt für jene zukunftsorientierten Juden geworden, die dem Bau und der Weihe eines dritten Tempels in der Zukunft entgegensehen.

7. Was lehrt die Bibel bezüglich der Gemeinde als geistlichem Tempel?

Das Neue Testament lehrt, daß die Gemeinde – der Leib Christi – zum gegenwärtigen Zeitpunkt Gottes geistlichen Tempel darstellt. Genauso wie Gott im Garten Eden, der Stiftshütte und dem Tempel Israels gegenwärtig war, so ist unser Herr auch heute in seinem Volk gegenwärtig. Die Gemeinde ist kein steinernes Gebäude. Die Gemeinde besteht statt dessen aus all jenen Menschen, die durch Jesu erlösendes Werk am Kreuz und die Vergebung ihrer Sünden eine gerechte Beziehung zu Gott eingegangen sind.

Der Apostel Paulus lehrt, daß Gottes Geist sowohl jedem einzelnen Gläubigen ganz persönlich als auch der Gemeinde insgesamt innewohnt.

> Wißt ihr nicht, daß ihr Gottes Tempel seid und der Geist Gottes in euch wohnt? Wenn jemand den Tempel Gottes verdirbt, den wird Gott verderben; denn der Tempel Gottes ist heilig, und der seid ihr (1. Korinther 3,16.17).

> So seid ihr nun nicht mehr Fremde und Nichtbürger, sondern ihr seid Mitbürger der Heiligen und Gottes Hausgenossen. (Ihr seid) aufgebaut auf der Grundlage der Apostel und Propheten, wobei Christus Jesus selbst Eckstein ist. In ihm zusammengefügt wächst der ganze Bau zu einem heiligen Tempel im Herrn, und in ihm werdet auch ihr mitaufgebaut zu einer Behausung Gottes im Geist (Epheser 2,19-22).

Gottes Gegenwart befindet sich heute nicht in einem Tempel toter, sondern in einem Tempel lebendiger Steine – in jedem einzelnen Gläubigen in Christus. Wenn wir nun mit der gegenwärtigen Beziehung eines Gläubigen zu Gott durch Jesus Christus vertraut sind, so sollte dies eine reine und göttliche Lebensführung zur Folge haben, da ein Tempel Gott und dessen Maßstäbe repräsentieren sollte.

Die Tatsache, daß die Gemeinde heute ein geistlicher Tempel ist, stellt jedoch keinen Widerspruch zu der Aussage dar, daß Gott in der Zukunft noch zwei weitere steinerne Tempel vorgesehen hat. Dies ist genausowenig der Fall, wie die Tatsache der Existenz der Stiftshütte einen zukünftigen Tempel in Jerusalem ausschloß. Die Auffassung, daß die Gemeinde ein geistlicher Tempel ist, und die Annahme, daß Gott in seinem Plan für die Geschichte noch zwei weitere steinerne Tempel bereithält, schließen sich nicht gegenseitig aus.

8. Was lehrt die Bibel bezüglich des dritten Tempels?

Die Bibelzitate bezüglich eines zukünftigen dritten Tempels wurden bereits in Frage 4 angeführt. Dieser Tempel wird auch als der Tempel des Antichristen bezeichnet, da dieser den Tempel schänden wird, indem er sein Bild im Allerheiligsten aufstellen wird. Diese gotteslästerliche Handlung wird in der Bibel als »der Greuel der Verwüstung« bezeichnet (Daniel 9,27; 11,31; 12,11; Matthäus 24,15; Markus 13,14; 2. Thessalonicher 2,4; Offenbarung 13,15). Der Tempel wird des weiteren auch als der Tempel der Trübsalszeit bezeichnet, weil er spätestens nach der ersten Hälfte dieser siebenjährigen Zeitspanne errichtet werden wird (Daniel 9,27).

Dieser Tempel wird eine zentrale Rolle hinsichtlich der Ereignisse der Endzeit und der Wiederherstellung des Volkes Israels während der letzten sieben Jahre der Geschichte spielen (Daniel 9,24-27). Mit Hilfe dieses Tempels wird Israel darauf vorbereitet werden, Jesus kurz vor dessen zweiter Wiederkehr als den Messias anzunehmen.

Das Buch der Offenbarung beschreibt ein interessantes Zusammenspiel zwischen dem Tempel des Antichristen auf Erden während der Trübsalszeit (Offenbarung 11,1.2) und »dem Tempel Gottes im Himmel« (Offenbarung 11,19). Bei militärischen Gefechten ist es stets wichtig, hochgelegene Punkte zu erobern, um von dort aus die feindlichen Stellungen überblicken zu können. Die Position unseres Allmächtigen Gottes im Himmel folgt sicherlich einer ähnlichen Strategie, da er sein Gericht über jene Bewohner der Erde unter ihm ausgießt, die ihn ablehnen und sich in den Felsen und Höhlen vor ihm verstekken.

In Offenbarung 11,1-2 lesen wir vom Tempel der Trübsalszeit:

> Und es wurde mir ein Rohr, gleich einem Stab, gegeben und gesagt: Steh auf und miß den Tempel Gottes und den Altar und die, welche darin anbeten! Und den Hof, der außerhalb des Tempels ist, laß aus und miß ihn nicht! Denn er ist den Nationen gegeben

Daniels Prophetie der siebzig Wochen (Daniel 9,24-27)

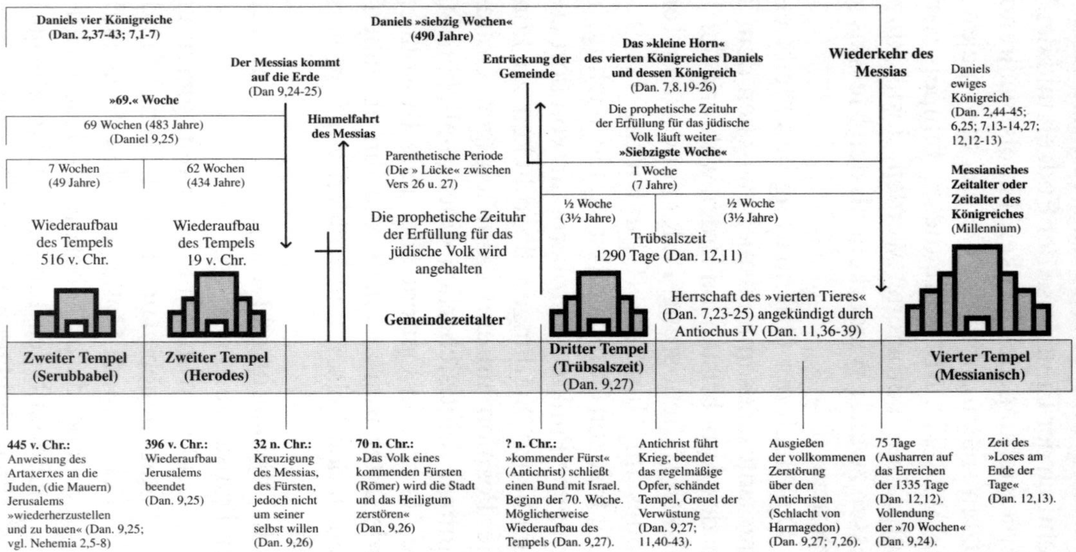

> worden, und sie werden die heilige Stadt zertreten 42 Monate.

Doch weshalb erteilt Gott Johannes den Auftrag, den Tempel auszumessen? Textstellen des Alten Testamentes, wie zum Beispiel Hesekiel 40 und Sacharja 2, stellen eine Verbindung zwischen den Maßen und einer geistlichen Bewertung der Menschen her. Hal Lindsey merkt hierzu an:

> (Gottes) Urteil über diesen zukünftigen Tempel ist daher auch ein Urteil darüber, ob dieser Tempel seinen ursprünglich beabsichtigten Zweck auch wirklich erfüllt hat. Leider wird sich jedoch herausstellen, daß der Tempel kein Ort der Anbetung mehr ist. Sein Wiederaufbau basiert nicht darauf, daß Jesus als der Messias angenommen wird, sondern auf dem nationalistischen Wunsch, erneut ein nationales religiöses Symbol zu besitzen und die Menschen zu einem Glauben an ihren Gott zurückzugewinnen.[15]

Die Vermessung des Tempels des Antichristen muß vor allem dann ein vernichtendes Urteil zur Folge haben, wenn sie mit dem himmlischen Maßstab, den Johannes in Offenbarung 11,19 beschreibt, verglichen wird. Deshalb wird Gott auch weiterhin sein Gericht über die Bewohner der Erde, deren falschen Tempel und falsche Anbetung ausgießen.

Einige Bibelausleger sind der Meinung, Offenbarung 11,1.2 beziehe sich nicht auf einen zukünftigen Tempel. Ihrer Meinung nach handelt es sich hierbei vielmehr um einen Verweis auf den zweiten Tempel, beziehungsweise um eine Stilfigur zur Bezeichnung einer abtrünnigen geistlichen Einheit wie zum Beispiel dem Volk Israel oder der Gemeinde. Wenn sich diese Verse jedoch auf den zweiten Tempel zur Zeit Christi beziehen, dann wären praktisch das ganze Buch der Offenbarung sowie die gesamten Prophetien des neuen Testamentes bereits erfüllt worden. Und in der Tat lehren manche Menschen diese Auffassung. Die meisten Bibelgelehrten sind jedoch der Meinung, daß die Offenbarung erst eine geraume Zeit nach dem Jahr 70 n. Chr. geschrieben wurde, wodurch eine derartige Interpretation praktisch nicht mehr haltbar ist. Noch unwahrscheinlicher ist, daß nahezu alle im Buch der Offenbarung erwähnten Ereignisse bereits stattgefunden haben.[16] Wenn diese tatsächlich in der Vergangenheit ihre Erfüllung gefunden hätten, dann hätten all diese Ereignisse vollkommen unbemerkt an der frühen Gemeinde vorbeigehen müssen.

Die Auffassung von einem geistlichen Tempel, sei es nun im Hinblick auf Israel oder die Gemeinde, kann ebenfalls nicht aufrechterhalten werden, da die Verwendung des Begriffes *Tempel* in diesem Zusammenhang nicht im übertragenen Sinne zu verstehen ist und auch nicht in diesem Sinne verwendet wurde. In Matthäus 24 spricht Jesus von einem wortwörtlichen Tempel. Dies wird zum Beispiel aus der Tatsache ersichtlich, daß er im Zusammenhang des Textes unmittelbar vor dem Tempel steht und seinen Blick auf diesen gerichtet hat. Der Greuel der Verwüstung fand zum ersten Mal durch Antiochus Epiphanes im zweiten Jahrhundert vor Christus statt. Zur damaligen Zeit beendete Antiochus das Opfer und entweihte den zweiten Tempel, indem er ein unreines Schwein auf dem Altar opferte und daraufhin eine Statue Jupiters im Tempel aufstellen ließ. Hierbei handelte es sich um eine wörtliche Erfüllung des Textes aus Daniel 11,31. Deshalb werden auch die zukünftigen Ereignisse in ähnlicher Weise vonstatten gehen – sie werden reale und historische Ereignisse im Tempel der letzten Tage sein.

Die biblische Rolle des dritten Tempels wird darin bestehen, daß Israel während der Trübsalszeit erneut ein Anbetungssystem einführen wird, das jedoch auf einer falschen Art der Anbetung basieren wird. Der Antichrist wird die Wiederherstellung dieses Anbetungssystems dazu benutzen, Gott herauszufordern und zu beleidigen. Gott wird die Herausforderung des Antichristen jedoch mit Gerichten von seinem himmlischen Tempel herab beantworten.

Somit wird der dritte Tempel eine zentrale Rolle in den Ereignissen der Endzeit im Plan Gottes spielen.

9. Was lehrt die Bibel bezüglich des vierten Tempels?

Eine ausführliche Beschreibung des vierten Tempels (des Tempels des Millenniums), der höchstwahrscheinlich das wundervollste und prachtvollste Gebäude der Menschheitsgeschichte darstellen wird, findet sich in Hesekiel 40,5-43,27. Dieser Tempel wird der letzte Tempel in der Geschichte Israels sein und zu jener Zeit existieren, in der Jesus seine tausendjährige Herrschaft

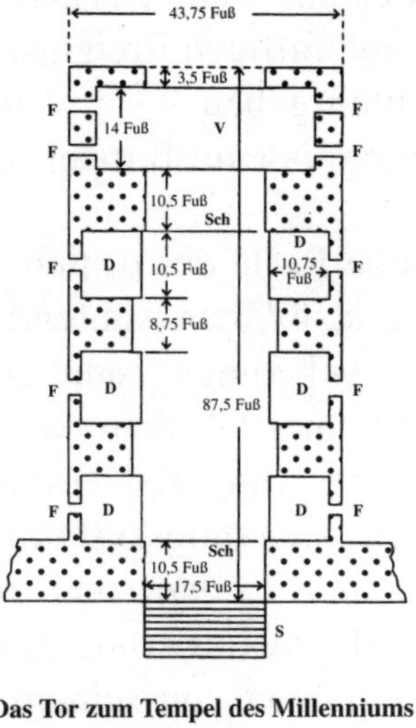

Das Tor zum Tempel des Millenniums

D	Dienstzimmer für die Wachen (40,7a, 10, 12)
V	Vorhalle (40,8-9)
S	Stufen
Sch	Schwellen (40,6b, 7b)
F	Fenster

als Messias von Jerusalem aus ausüben wird. Der Tempel des Millenniums wird das Zentrum der gesamten Welt darstellen. Israel und der Tempel werden im Zentrum der priesterlichen Rituale und Opfer stehen, welche die Menschheit zur Anbetung Jesu Christi, des Messias, anleiten werden.

Dr. John Walvoord beschreibt den Tempel des Millenniums und die dort stattfindende Anbetung wie folgt:

> Der Tempel des Millenniums wird wesentlich größer sein als alle anderen historischen Tempel Israels. Er wird in seiner Länge und Breite je 875 Fuß (500 Ellen) messen. Des weiteren wird dieser Tempel, genauso wie seine Vorgänger, nach Osten hin ausgerichtet sein und an den anderen drei Seiten Außenmauern aufweisen. Im Inneren des Tempels werden sich 30 Räume, verteilt auf drei Ebenen, befinden. Die Mauern, mit Ausnahme der Westmauer, werden von Toren unterbrochen und von einem großen Vorhof umgeben sein ...
>
> Im Bericht des Hesekiel finden sich unzählige Bestimmungen hinsichtlich der Aufgaben der Priester und Leviten im Tempeldienst. Am ersten Monat und am ersten Tag sollten ganz bestimmte Opfer dargebracht werden (46,18-19). Vom Passahfest heißt

es, daß dieses am vierzehnten Tag des ersten Monats abgehalten werden und dem siebentägigen Fest der ungesäuerten Brote folgen solle (45,21-25).

... Hesekiel sagte vorher, daß aus diesem Tempel ein großer Fluß in Richtung Süden fließen und so viel Wasser führen würde, daß niemand in der Lage sein würde, durch diesen hindurchzuwaten (47,3-6). Die Ufer des Flusses werden von Bäumen gesäumt sein (Verse 7-9), und der Fluß wird Fische und andere Lebewesen des Wassers bergen. Dieses frische Wasser wird allem Anschein nach an die Stelle des salzhaltigen Toten Meeres treten und in den Süden Israels weiterfließen, bis er schließlich in den Golf von Akaba einmünden wird.[17]

Da das Millennium eine Zeit sein wird, in der Israel erhöht werden und Christus in Form einer Theokratie von Jerusalem aus über die Welt herrschen wird, scheint es logisch, daß sich die Anbetung des Messias auf den Tempel konzentrieren wird. Tatsächlich wird jene Zeit eine sehr wundersame Zeit sein; es wird eine Zeit sein, in der die Herrlichkeit des Herrn in den Tempel zurückkehren und Israel seine Berufung als Volk Gottes erfüllen wird (siehe Hesekiel 43,1-5).

Teil 3

Was wissen wir noch über den Tempel der Trübsalszeit?

10. Sind in neuester Zeit Versuche zum Bau des dritten Tempels unternommen worden?

Seit der Zerstörung des zweiten Tempels im Jahre 70 n. Chr. versuchten die Juden des öfteren einen Wiederaufbau des Tempels. Einige Male war ihnen zwar ein gewisser Erfolg beschieden gewesen, doch sie erreichten nichts, was auch nur annähernd mit den ersten beiden Tempeln vergleichbar gewesen wäre.

Nach der Zerstörung des Tempels im Jahr 70 n. Chr. erfuhr das Leben der in Jerusalem verbliebenen Juden eine starke Verschlechterung, da das bisherige Zentrum ihres Lebens – der Tempel – nun nicht mehr existent war. Der leere Tempelberg wurde zum Zentrum ihrer Hoffnungen und Träume. Ihre Hoffnungen richteten sich unter anderem auch auf den römischen Kaiser Publius Aelius Hadrian, der im Jahr 117 n. Chr. an die Macht kam. Offensichtlich kam es zu jener Zeit zu offiziellen Kontakten zwischen den judäischen Juden und der römischen Regierung unter Hadrian, woraufhin die Juden die Erlaubnis zum Wiederaufbau des Tempels erhielten.

Die Hoffnungen der Juden auf einen Wiederaufbau nahmen jedoch im Jahr 129 n. Chr. ein jähes Ende, als Hadrian nach Jerusalem kam und damit begann, auf den Ruinen der Stadt eine römische Kolonie zu begründen. Im Jahr 132 n. Chr. kam es schließlich unter dem jüdischen Anführer Simon Bar Kosiba zu einem Aufstand. (Der Talmudgelehrte Rabbi Aqiba sollte den Namen Bar Kosibas einige Zeit später in *Bar Kochba*, also »Sternensohn«, umdeuten und Bar Kochba als den Messias verkündigen).

Aufgrund dieser Revolte wurden die römischen Garnisonen zurückgeschlagen, und die jüdischen Rebellen konnten Jerusalem nahezu drei Jahre lang gegen die Römer verteidigen. Während dieser Zeit wurde eine unabhängige Regierung ins Leben gerufen, und Bar Kochba rief sich selbst zum Messias aus. Er begann mit dem Wiederaufbau des Tempels und ließ das Tempelritual wiedereinführen, wozu möglicherweise auch die Wiedereinsetzung des Opfers gehörte.[18]

Den deutlichsten Beweis für einen Tempel Bar Kochbas stellen Münzen dar, die auf Anweisung Bar Kochbas geprägt wurden und auf denen die Fassade des Tempels und der Name Eleazers, seines Hohenpriesters, zu sehen ist.[19]

Die Herrschaft Bar Kochbas endete, als Hadrian im Jahr 135 n. Chr. Jerusalem erneut einnahm. Der Kaiser zerstörte Bar Kochbas Tempel[20] und ließ statt dessen auf dem Tempelberg einen Tempel zu Ehren der römischen Göttertrios Juno, Jupiter und Minerva zusammen mit einer Reiterstatue seiner selbst errichten.

Während der folgenden Jahrhunderte wurden weitere Versuche zum Wiederaufbau des Tempels unternommen. Der bedeutendste Versuch fand unter der neunzehnmonatigen Herrschaft des Flavius Claudius Julianus statt, der aufgrund seines Abfalls vom christlichen Glauben in der Geschichte auch als »Julian, der Abtrünnige« bezeichnet wurde. Julianus bemühte sich um den Wiederaufbau des Tempels in Jerusalem, weil er hoffte, dadurch das Christentum in Mißkredit bringen zu können.

Im Jahr 363 n. Chr. sorgte Julianus dafür, daß die nötigen finanziellen Mittel und Baumaterialien zur Verfügung standen, und übertrug Alypius von Antiochien die Aufsicht über den Wiederaufbau. Christliche Quellen berichten davon, daß zu jener Zeit viele Juden nach Jerusalem zurückkehrten, um beim Wiederaufbau des Tempels behilflich zu sein. Doch dann geschah etwas vollkommen Unerwartetes. Gerade als die Bauarbeiter versuchten, auf dem Tempelberg das Fundament für den Tempel auszuheben, wurde dieses des öfteren von Erdbeben heimgesuchte Gebiet erneut von einem Erdbeben erschüttert und das gesamte Baumaterial vernichtet. Allem Anschein nach hatte dieses Erdbeben eine Explosion unterirdisch eingeschlossener Gase ausgelöst, die das gesamte auf dem Tempelberg befindliche Baumaterial vernichtete. Julianus starb kurze Zeit später – und mit ihm starben auch die Hoffnungen der Juden.

Unter Kaiserin Eudoxia im Jahr 443 n. Chr. und unter der Herrschaft der Perser in den Jahren 614-617 n. Chr. wurden erneut Versuche zum Wiederaufbau des Tempels unternommen. Doch auch diese Versuche scheiterten.[21]

Seit jener Zeit kam es erst in den letzten Jahrzehnten zu erneuten Bemühungen, den jüdischen Tempel in Jerusalem wiederaufzubauen. All diese Versuche stärkten jedoch die Entschlossenheit der Juden und sorgten dafür, daß diese fortan ihr Augenmerk auf den zukünftigen Wiederaufbau des Tempels richteten. Es dürfte daher auch keine allzu große Überraschung sein, daß das Motto der Juden während der vielen Jahre der Verfolgung in der Diaspora lautete: »Nächstes Jahr in Jerusalem.«

11. Wer besitzt und kontrolliert den Tempelberg heute?

Aufgrund des Sieges und der Eroberungen der Juden während des Sechs-Tage-Krieges im Juni 1967 befand sich der Tempelberg – nachdem die israelischen Truppen diesen am dritten Kriegstag erobert hatten – für kurze Zeit vollkommen unter israelischer Kontrolle. Nach Beendigung des Krieges traf sich jedoch der israelische Verteidigungsminister Moshe Dayan am 17. Juni 1967 mit Mitgliedern des für die Verwaltung der heiligen Stätten des Islam zuständigen Obersten Muslimischen Rates (auch Waqf oder Wakf genannt). Während dieses Treffens sollte über die zukünftige Verwaltung des Tempelberges entschieden werden. Schließlich wurde die Verfügungsgewalt über den Tempelberg nach nur zehn Tagen israelischer Verwaltung am Ende dieser Verhandlungen wieder an die Muslime übergeben. Die Berichte bezüglich dieses Treffens und dessen Ergebnis sind ernüchternd; das Resultat war unglaublich und für viele unverständlich:

> Dayan hatte bereits angeordnet, daß die israelische Flagge am Nachmittag der Befreiung der Jerusalemer Altstadt von der Kuppel des Felsendoms entfernt werden sollte. Die Verhandlung mit den Muslimen führte zu weiteren Zugeständnissen. Die Verwaltung des Tempelberges sollte wieder der alleinigen Verantwortung des Obersten Muslimischen Rates – des Waqfs – obliegen. Obwohl es den Juden nun zwar erlaubt war, den Tempelberg jederzeit zu betreten, so waren ihnen öffentliche Gebete und Handlungen der Anbetung auf dem Tempelberg untersagt ... Daraufhin übertrug die israelische Regierung die Verantwortung für das gesamte Gebiet des Tempelberges auf verschiedene Gruppen ... Die Spitze des

Tempelberges, der Stätte des ersten und zweiten Tempels, sollte jedoch von den Muslimen verwaltet werden. Die Muslime erlauben Touristen zwar den Besuch ihres Hoheitsgebietes, weigern sich jedoch gegen eine Freiheit der Anbetung oder jegliche nicht-muslimische archäologische Aktivitäten auf diesem Gebiet.[22]

Die frommen Juden zu jener Zeit zeigten sich von Dayans Zugeständnissen vollkommen überrascht. Sie hätten nie gedacht, daß etwas Derartiges geschehen könnte. Doch weshalb hatte Dayan dieses Zugeständnis gemacht? Dayan, ein weltlicher Jude, hatte jahrelang als Offizier des britischen Militärs mit Arabern zusammengearbeitet. Da Dayan in erster Linie am Erreichen seiner politischen Ziele gelegen war, hinter denen die religiösen Aspekte des modernen States Israel zurückzutreten hatten, sah er den Tempelberg lediglich als einen Gegenstand politischer Verhandlungen. Er hoffte, daß er die Muslime mit Hilfe des Tempelberges beschwichtigen könne und diese sich daraufhin bereitwilliger einer israelischen Regierung unterstellen würden. Vom Tempelberg sagte er: »Es kann kein Zweifel daran bestehen, daß wir, die wir die Macht in Händen halten, dadurch Stellung beziehen müssen, daß wir nicht rücksichtslos auf unseren Forderungen beharren. Wir müssen den Tempelberg als eine historische Stätte vergangener Erinnerungen betrachten.«[23]

Dayans Handlungen sollten sich in der Zukunft jedoch weniger als Hilfe, sondern vielmehr als eine Behinderung erweisen. Dieser Schritt Dayans hatte die Muslime nicht beschwichtigt, sondern vielmehr die frommen Juden verärgert. Ein Großteil der gegenwärtigen Konflikte zwischen Arabern und Israelis ist auf dieses Ereignis zurückzuführen. Seit jener Zeit sind viele jüdische Organisationen entstanden, die sich mit der Frage der Kontrolle des Tempelberges auseinandersetzen und sich um den Bau des dritten Tempels bemühen. Die Verwaltung und Aufteilung des Gebietes des Tempelberges ist seit dem Jahr 1967 unverändert geblieben – der tatsächliche Tempelberg befindet sich noch immer unter der Verwaltung des Waqf. Die Tatsache, daß es den Juden verboten ist, auf dem Tempelberg zu beten, führt immer wieder zu Auseinandersetzungen, die auch die Aufmerksamkeit nationaler und internationaler Medien erregen (obwohl nicht alle Juden dies als notwendig oder sogar wünschenswert betrachten).[24]

Der Besitz und die Kontrolle des Tempelberges sind jedoch zwei vollkommen verschiedene Angelegenheiten. Der Staat Israel besitzt den Tempelberg, und der muslimische Waqf verwaltet diesen. Die gegenwärtige Situation bezüglich des Tempelberges könnte man mit der Situation eines Maklers vergleichen, der ein Gründsück besitzt und auf dieses ein Haus bauen möchte, dieses Haus jedoch nicht ohne die Zustimmung anderer Behörden auf diesem Grundstück errichten kann. Und im Falle des Tempels würde es hinsichtlich einer Baugenehmigung (der Zustimmung oder Billigung) tatsächlich eines Wunders bedürfen. Letztendlich wird jedoch die Vorsehung und nicht die Politik in dieser Angelegenheit das letzte Wort haben.

12. Worin bestehen die Pläne und Vorbereitungen für Israels nächsten Tempel?

Es gibt eine ganze Reihe von Plänen bezüglich des Wiederaufbaus des Tempels[25], und viele verschiedene Gruppierungen in Israel bereiten sich auf den Wiederaufbau vor. Zu den gegenwärtigen Organisationen und Aktivitäten zählen die folgenden:

Die Getreuen des Tempelberges, angeführt von Gerschon Salomon, versuchen ihre Landsleute durch aktivistische Maßnahmen zum Wiederaufbau des Tempels zu bewegen. Zu diesen Maßnahmen gehört zum Beispiel der regelmäßige Versuch, einen 90 Zentner schweren Eckstein auf den Tempelberg zu befördern. Der Aktivist Gerschon Salomon demonstiert seine Entschlossenheit, indem er sagt:

> Wenn die Zeit reif ist – und ich glaube, daß dies sehr bald der Fall sein wird –, dann wird dieser Stein auf den Tempelberg befördert, behauen und poliert werden ... und der erste Stein des dritten Tempels sein. Zum jetzigen Zeitpunkt befindet sich dieser Stein an einem Ort, der nicht weit vom Tempelberg entfernt ist, in unmittelbarer Nähe der Mauern der Altstadt Jerusalems, unweit des Sechem-Tores ... und dieser Stein wird den Tempelberg überragen. Und der Tag, an dem sich dieser Stein an seinem angestammten Platz befinden wird, ist nicht mehr in allzu weiter Ferne – dieser Tage kann heute sein ... oder auch morgen ... die Zeit wird bald reif sein.[26]

Des weiteren haben die *Getreuen des Tempelberges* das Tieropfer wiedereingeführt.

Das Tempelinstitut, angeführt von Israel Ariel, hat mittlerweile nahezu alle 102 Tempelutensilien angefertigt, die laut biblischen und rabbinischen Maßstäben für den Tempeldienst erforderlich sind. Diese Gegenstände können von der Öffentlichkeit im Touristenzentrum des Tempelinstitutes in der Jerusalemer Altstadt besichtigt werden.

Ateret Cohanim ist eine Organisation, die eine Jeshibah (eine Talmudakademie) zur Ausbildung und Anleitung von Tempelpriestern ins Leben gerufen hat. Diese Organisation hat es sich zur

Aufgabe gemacht, Bestimmungen zu untersuchen, qualifizierte Leviten an ihrer Schule zu versammeln und diese für ihre zukünftige Priesterschaft auszubilden.

Um nun auf die Möglichkeit eines wiederaufterbauten und vollkommen funktionsfähigen Tempels vorbereitet zu sein, sind in ganz Jerusalem viele Jeshibahs gegründet worden. Kleidung wird geschneidert, Harfen werden gebaut, mit Hilfe von Computerprogrammen werden Baupläne angefertigt, und einige Rabbiner entscheiden, welche modernen Innovationen in einem neuen Tempel übernommen werden können. Zu berichten wäre weiterhin von aktuellen Bemühungen, koschere Tiere, einschließlich roter Färsen, für das zukünftigte Opfer sicherzustellen. Und manche Menschen unternehmen weiterhin tagtäglich den Versuch, auf dem Tempelberg zu beten, in der Hoffnung, somit dazu beizutragen, den Weg für den zukünftigen Tempel zu bereiten.

Weiterhin gibt es noch eine ganze Reihe von Vorbereitungen, die dazu dienen sollen, daß Israel eines Tages alle Aspekte des Tempeldienstes wiederaufnehmen kann.

13. Was hindert die Juden heute am Bau des Tempels?

Es gibt eine ganze Reihe politischer und theologischer Aspekte, die den Wiederaufbau des Tempels verhindern. Von einer jüdisch theologischen

Perspektive aus gesehen, gibt es allerdings keine Aussage dahingehend, wann der Wiederaufbau des Tempels erfolgen oder ob dieser von Menschenhand errichtet werden soll. Obwohl nun zwar einige jüdische Gruppierungen Vorbereitungen für den Wiederaufbau treffen, gibt es wieder andere Gruppierungen und Fraktionen innerhalb des Judentums, die sich gegen diese Vorbereitungen aussprechen:

> Selbst unter den ultra-orthodoxen Juden gibt es unterschiedliche Auslegungen bezüglich des Wiederaufbaus des Tempels. Die jüdischen Gelehrten vertraten aus der entfernten Perspektive der Diaspora die Meinung, mit dem Wiederaufbau des Tempels müsse bis zur Ankunft des Messias gewartet werden. Die Maimoniden argumentierten, nur der Messias selbst könne den Tempel errichten ... Die israelische Regierung schließt sich dieser Meinung an und behauptet, diese Ansicht – und nicht politische Gründe – sei dafür verantwortlich, daß sie die Juden an der Anbetung auf dem Tempelberg hindere ... Andere Gruppierungen glauben wiederum, der Tempel könne zur gegenwärtigen Zeit mit den zur Verfügung stehenden Mitteln erbaut werden. Vertreter dieser Auffassung merken an, der babylonische Talmud enthalte im Hinblick auf den Wiederaufbau des Tempels

unterschiedliche Aussagen und der Jerusalemer Talmud erlaube den Juden, ein temporäres Gebäude vor dem messianischen Zeitalter zu erbauen.[27]

Zusätzlich zu den oben erwähnten theologischen Differenzen, könnte es des weiteren zu bedeutenden politischen und religiösen Auseinandersetzungen mit der islamischen Welt kommen. Der Waqf kontrolliert den Tempelberg, und solange dies der Fall ist, wird kein Wiederaufbau des Tempels erfolgen. Der Felsendom steht fest auf dem Tempelberg, und das gesamte Gebiet ist eine heilige Stätte der Muslime. Wenn der Tempel auf dem Tempelberg von neuem erbaut werden sollte, dann gibt es hinsichtlich des Felsendoms und der El-Aqsa-Moschee nur zwei denkbare Lösungsmöglichkeiten: Diese beiden Gebäude müssen entweder abgetragen und an einem anderen Ort von neuem errichtet oder zerstört werden. Doch jede dieser beiden Möglichkeiten würde im gegenwärtigen politischen Klima zu einem Krieg von immensen Ausmaßen zwischen Israel und der arabischen Welt führen.

Obwohl wir zwar über die Technologie verfügen, diese Gebäude abzutragen und an einem anderen Ort wiederaufzubauen, so gibt es doch keine Hinweise dafür, daß diese Möglichkeit von den Muslimen jemals in Betracht gezogen werden sollte. Während es nun zwar durchaus denkbar ist, daß die Gebäude aufgrund von Terroranschlägen oder Kriegen zerstört werden könnten, so scheint dies doch nicht sehr wahrscheinlich. Manche Juden sind der Meinung, diese heiligen Stätten der Muslime könnten durch Naturkatastrophen, wie zum Beispiel einer Reihe von Erdbeben, zerstört werden. Doch selbst dann wäre es höchst unwahrscheinlich, daß die Muslime den Tempelberg an die Juden abtreten würden. Tatsächlich sind bei ähnlichen Fällen in der Vergangenheit die am Felsendom entstandenen Schäden sehr bald wieder behoben worden.

> Sollten diese muslimischen Stätten jedoch durch eine Naturkatastrophe oder von Menschenhand zerstört werden, sei es zufällig oder absichtlich, so können wir davon ausgehen, daß diese Stätten, wie dies in der Vergangenheit bereits des öfteren der Fall war, von den Muslimen ganz einfach wieder von neuem errichtet werden. Der Wiederaufbau des Tempels muß also durch ein größeres Ereignis bewirkt werden, ein Ereignis, das dramatische Auswirkungen auf die religiöse und politische Situation in Israel haben wird.[28]

Doch selbst wenn das Unmögliche geschehen würde und ein dramatisches Ereignis die gegenwärtigen Gebäude auf dem 35 Morgen umfassenden Tempelberg dem Erdboden gleichmachen würde, so wären damit die mit diesen heiligen

Stätten verbundenen politischen Probleme noch immer nicht gelöst. Der Isalm würde dieses Gebiet weiterhin als heiliges Gebiet des Islam betrachten und dieses so behandeln, als würden sich die heiligen Stätten weiterhin auf diesem Gebiet befinden.

Jegliche Versuche eines Wiederaufbaus des Tempels werden daher höchstwahrscheinlich auf starke politische und religiöse Opposition von vielen Seiten stoßen. Doch in turbulenten Zeiten können sich die Dinge schnell verändern. Auch wenn uns etwas Derartiges heute unmöglich erscheinen mag, so ist es doch nicht undenkbar, daß in absehbarer Zeit mit dem Wiederaufbau begonnen werden könnte.

Viele Menschen, die mit der Geschichte der Zionistischen Bewegung vertraut sind – jener Bewegung, die sich für die Errichtung eines modernen Staates Israel und eine Wiederkehr in denselben einsetzte –, wissen, daß ähnliche Hindernisse auch der Errichtung eines modernen Staates Israel im Weg gestanden hatten. Und dennoch führten die Ereignisse der Geschichte dazu, daß das Unmögliche möglich wurde – zur Schaffung eines modernen Staates Israel. Und vielleicht wird eines Tages auch der Wiederaufbau des Tempels in ähnlicher Weise stattfinden.

14. Wann wird der Wiederaufbau des Tempels Israels stattfinden?

Vom christlichen Standpunkt aus gesehen, gibt es kein biblisches oder theologisches Argument, das besagt, daß der Tempel nicht vor der Entrückung oder nicht zu unseren Lebzeiten erbaut werden könnte. Allerdings finden sich alle biblischen Hinweise auf den Tempel der Trübsalszeit im Kontext der zukünftigen siebenjährigen Zeitspanne, die als die Trübsalszeit bekannt ist. Der Tempel könnte also durchaus vor der Entrückung und der Trübsalszeit wiederaufgebaut werden – genauso wie auch das Volk Israel noch vor den Ereignissen der Trübsalszeit wieder in den Staat Israel zurückgekehrt ist.

Die Tatsache, daß heute viele Bewegungen und Organisationen in Israel den Bau des dritten Tempels planen und sich darauf vorbereiten, steigert unsere Erwartung, daß die Probleme bald beseitigt werden und mit dem Bau bald begonnen werden könnte.[29] Die einzige Forderung der Bibel im Hinblick auf den zukünftigen Tempel besagt, daß dieser Tempel in der Mitte der siebenjährigen Trübsalszeit existieren und funktionsfähig sein muß.

Bezüglich des zukünftigen Szenarios werden viele Spekulationen angestellt. Eine auf den in der Bibel vorhergesagten Ereignissen basierende Spekulation besagt folgendes: Unter den Gelehrten gibt es unterschiedliche Ansichten dahingehend, wann die Schlacht von Gog und Magog im Hinblick auf Gottes Plan für die letzten Tage stattfinden wird (siehe Hesekiel 38-39). Höchstwahrscheinlich wird diese Schlacht während einer relativ kurzen Zeitspanne unmittelbar nach der Entrückung stattfinden, jedoch noch vor Beginn der Trübsalszeit, woraufhin Israel das Mitgefühl der Europäer gewinnen wird. Israels große Verluste, insbesondere unter der arabisch-russischen Liga, werden durch die völlige Herrschaft über den Tempelberg und die Erlaubnis des Wiederaufbaus des dritten Tempels kompensiert werden. Höchstwahrscheinlich wird die israelische Kontrolle des Tempelberges Teil einer Vereinbarung sein, die aufgrund von Verhandlungen zwischen Israel und dem Anführer Europas (dem Antichristen) zustande gekommen ist und nach deren Unterzeichnung die siebenjährige Trübsalszeit beginnen wird (Daniel 9,24-27).

Die Araber und deren Felsendom müßten dann natürlich nicht mehr vom Tempelberg entfernt werden, da Israel nach Beendigung des Krieges die vollkommene Kontrolle über den Tempelberg erhalten würde. Israels Kontrolle des Tempelberges würde demnach also keinen Krieg auslösen, sondern einen Krieg beenden. Israel wird zu jener Zeit auch vom Westen, der durch den Antichristen die Welt kontrollieren wird, die Erlaubnis zum Wiederaufbau des Tempels erhalten. Da der

Tempel jedoch erst bis zur Mitte dieser siebenjährigen Zeitspanne erbaut sein muß, wird Israel – insbesondere angesichts der modernen Technologie und der bereits heute getroffenen Vorbereitungen – für den Wiederaufbau genügend Zeit bleiben. Zu jener Zeit wird das jüdische Volk den Tempelberg jedoch nicht wie Mosche Dayan im Jahr 1967 an die Araber zurückgeben.

Wir glauben, daß diese Spekulation im Rahmen der Bibel Sinn ergibt, im Hinblick auf die Ereignisse der Zukunft jedoch nur reine Spekulation sein kann.

15. An welcher Stelle des Tempelberges wird sich der nächste Tempel befinden?

Es besteht allgemeine Übereinstimmung darüber, daß der dritte Tempel auf der 35 Morgen großen Fläche des Tempelberges in Jerusalem erbaut werden wird. Uneinigkeit besteht jedoch darüber, wo genau sich dieser relativ kleine Tempel auf dem Tempelberg befinden wird. Welche Möglichkeiten gibt es?

Als mögliche Standorte des Tempels gelten im allgemeinen drei Stätten: der nördliche Standort, der traditionelle Standort und der südliche Standort.

Der südliche Standort

Die am wenigsten wahrscheinliche Möglichkeit ist die des südlichen Standortes, der von dem

Drei Vorschläge bezüglich des Tempelstandortes

(Alle Tempel wurden in einer Ost/West-Ausrichtung arrangiert)

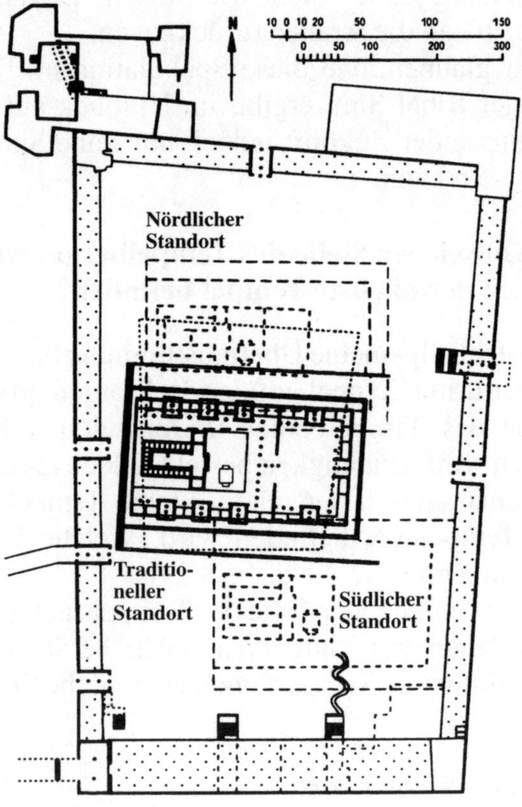

katholischen Gelehrten Bellarmino Bagatti im Jahr 1979 vertreten wurde.[30]

Bagatti gelangte nach seiner Beschäftigung mit alten Dokumenten sowie einer persönlichen Begehung und Vermessung des Gebietes zu der Schlußfolgerung, daß sich der ursprüngliche Tempel in südlicher Richtung zwischen dem Felsendom und der El-Aqsa-Moschee befunden haben muß.

Bagattis Ansicht ist die schwächste aller drei Ansichten, da sie in entscheidenden Punkten auf falschen historischen Daten und Annahmen basiert. Eine dieser falschen Annahmen besteht in der Auffassung, der heilige Felsen an der Spitze des Tempelberges stelle keine Basis für die Lokalisierung des Tempels dar.

Der nördliche Standort

Dr. Asher Kaufman aus Israel entwickelte in den 80er Jahren des 20. Jahrhunderts die Ansicht, der Tempel habe sich in der nordöstlichen Ecke des Tempelberges befunden. Er ging von einer Ost-West-Linie aus, die den Ölberg mit dem Osttor und dem Tempel verband und somit die kleine Kuppel des Allerheiligsten genau in der Mitte durchtrennte. Weiterhin ist er der Meinung, bei diesem Punkt handle es sich um den höchsten natürlichen Punkt des Tempelberges sowie auch um jenen Ort, an dem sich der Tempel befinden würde.[31]

Der israelische Archäologe Dr. Dan Bahat erhebt folgende Einwände gegen Kaufmans Ansicht:

> Wir (Archäologen) teilen die Ansicht Dr. Asher Kaufmans nicht. Seine Plazierung des Tempels stimmt in keiner Weise damit überein, was wir heute über die Anordnung des Tempelberges wissen. Es gibt einen weiteren Tempelberg, der entweder aus der hasmonäischen Periode oder aus der Periode Simons des Gerechten stammt (das genaue Datum können wir noch nicht festlegen). Dieser Tempelberg war exakt auf die Topographie dieses Gebietes beschränkt. Erweiterungen hätten auf diesem Tempelberg *ausschließlich* durch eine Veränderung der topographischen Gegebenheiten erfolgen können. Das Haupttal Jerusalems beginnt zum Beispiel an der heutigen Westmauer und führt von dort aus unterhalb des Tempelberges vorbei.
>
> Dies ist auch der Grund, weshalb Herodes der Große, als dieser den Tempelberg erweitern wollte, dies jedoch nicht ohne topographische Veränderungen möglich war, da die Hasmonäer beziehungsweise Simon der Gerechte bereits die größtmöglichen Erweiterungen des Tempels im Rahmen der Topographie des Tempelberges durchge-

führt hatten, das Haupttal sowie auch andere Täler der Umgebung Jerusalems auffüllen lassen mußte. Deshalb können wir uns heute auch ein *genaues* Bild von den Gegebenheiten des Tempels vor der Zeit Herodes des Großen machen.

Eine weitere Verfolgung Asher Kaufmans Theorie bezüglich des Standortes des Allerheiligsten würde bedeuten, daß der gesamte Tempel auf der gegenüberliegenden Seite des nördlichen Tales des Tempelberges errichtet werden müßte, was jedoch aufgrund der enormen Tiefe dieses Tales absolut *unmöglich* ist. Des weiteren entdeckte Charles Warren in diesem nördlichen Gebiet einen Graben von beträchtlichem Umfang. Kaufmans Theorie würde jedoch bedeuten, daß die Hälfte des Tempels innerhalb dieses Grabens erbaut werden müßte.[32]

Der nördliche Standort wird heute von einigen amerikanischen Evangelikalen vertreten, da er den Wiederaufbau des Tempels ermöglicht und hierbei die damit zusammenhängenden politischen Probleme umgeht. Sollte es sich beim nördlichen Standort wirklich um den korrekten Standort handeln, so denken manche, so könnte der neue Tempel erbaut werden, ohne daß dieser den Felsendom beeinträchtigen würde. Diese Möglichkeit kann jedoch keine reale Lösung darstellen, da sowohl die frommen Juden als auch die frommen Araber eine derartige Nähe zum Gebäude der anderen Religion als einen Affront gegen ihre heilige Stätte ansehen würden.

Der traditionelle Standort

Die meisten frommen Juden in Israel sind heute der Meinung, der traditionelle Standort, an dem sich der Felsendom heute befindet, sei jener Ort, an dem auch der nächste Tempel erbaut werde. Hierbei handelt es sich unserer Meinung nach um die korrekte Auffassung. Unsere heutige Meinung spielt jedoch keine allzu bedeutende Rolle – wichtig ist die Meinung der Juden, die eines Tages für den tatsächlichen Wiederaufbau des Tempels verantwortlich sein werden.

Während der traditionelle Standort nun durch eine ganze Reihe von Argumenten untermauert werden könnte, so lassen sich all diese Argumente doch auf die ganz einfache Tatsache reduzieren, daß der Felsendom den Felsen birgt und somit auch die Stätte früherer Tempel darstellt. Dan Bahat sagt hierzu vollkommen unmißverständlich:

> Ich sage hier und jetzt, daß der Tempel genau an jener Stelle stehen wird, an der sich heute der Felsendom auf dem Tempelberg befindet. Ich möchte unmißverständlich und eindeutig zum Ausdruck bringen, daß es unsere Überzeugung ist, daß der

> Felsen unter dem Felsendom die *exakte Stätte* des Allerheiligsten darstellt. Der Tempel erstreckte sich *genau* bis zu jenem Ort, an dem sich heute der Felsendom befindet. Der »Grundstein« ist tatsächlich jener Stein, der das Allerheiligste umfaßte.[33]

Chaimi Richman vom Tempelinstitut sagt:

> Wir verfügen über eine Tradition, die die Väter unseres Volkes immer wieder an ihre Kinder weitergegeben haben. Diese Tradition besagt, daß der Felsen, also jener Stein, der sich unter dem Felsendom befindet, der »Grundstein« ist.[34]

Dan Bahat stimmt dem zu und fügt hinzu:

> Wenn der Tempel nicht an dieser Stätte errichtet werden würde, dann wäre diesem Stein nicht seit Jahrhunderten eine solch große und heilige Bedeutung beigemessen worden. Berichte der Kirchenväter besagen, wie die Juden jedes Jahr an diesen Ort pilgerten, und die Muslime beschlossen, ihr zukünftiges Heiligtum auf genau denselben Stein zu erbauen, weil sie sich dieser jüdischen Tradition bewußt waren ... Omar, der muslimische Eroberer Jerusalems, wurde von einem Juden genau zu diesem Stein und keinem anderen geführt. Deshalb kann auch kein Zweifel an der traditionellen Bedeutung dieses Ortes bestehen.[35]

Die Bibel sagt nicht, daß die Erfüllung der Prophetie davon abhinge, daß der Tempel an einem bestimmten Ort in Jerusalem erbaut werden würde. Die Juden gehen jedoch im allgemeinen davon aus, daß der neue Tempel an der Stätte der beiden vorherigen Tempel erbaut werden müsse. Zur gegenwärtigen Zeit geht ein Großteil der jüdischen Bevölkerung davon aus, daß der dritte Tempel an jener Stelle erbaut werden wird, an der sich heute der Felsendom befindet. Wenn der Tempel an einer anderen Stelle als dem Tempelberg erbaut werden könnte, so sagen sie, dann wäre er schon längst erbaut worden.

16. Ist die Bundeslade für den Wiederaufbau des Tempels von Bedeutung?

Wir finden in der Bibel keine eindeutigen Aussagen darüber, ob die Bundeslade für den Wiederaufbau des Tempels von Bedeutung ist. Während es nun viele jüdische Traditionen gibt, die besagen, daß die Bundeslade sowie auch andere Tempelgefäße wiedergefunden und für den neuen Tempel wiederhergestellt werden müßten, so kann die Bibel hierfür jedoch keine direkte Unterstützung bieten.[36] Die Bibel sagt nicht direkt, daß sich die Bundeslade im dritten Tempel befinden wird. Dr. Randall Price unternimmt jedoch den Versuch, anhand der Bibel zu belegen, daß die ursprüngliche Bundeslade wiederaufgefunden und sich im dritten Tempel befinden wird:

Diese Textstelle (2. Chronik 36,18.19) zeigt, daß der Tempel und dessen Gefäße untrennbar miteinander verbunden sind; genau aus diesem Grund muß auch das Schicksal dieser beiden Dinge in prophetischer Hinsicht miteinander verwoben sein ...

Genauso wie der Tempel zunächst durch die Babylonier und später durch die Römer zerstört wurde (Jeremia 7,14; Lukas 21,5.6,20-24), genauso wurden auch die Tempelgefäße aus dem Tempel entfernt (2.Könige 24,13; Jeremia 27,16-22). Doch genauso wie der Tempel in der Vergangenheit wiederaufgebaut werden sollte (und auch in der Zukunft wiederaufgebaut werden wird) (Daniel 9,16.17,20-27), genauso werden auch diese Schätze wiederaufgefunden werden. Eine Unterstützung dieser Schlußfolgerung findet sich in Jeremia 27,22 ... Und auch Jesaja sagte die Wiederherstellung dieser Gefäße vorher (Jesaja 52,11-12).

Die Prophetien Jeremias und Jesajas bezogen sich auf den ersten Wiederaufbau des Tempels, also auf jene Zeit, in der das jüdische Volk aus Babylon zurückkehren würde (Jeremia 28,1-6), doch ihre Prophetien stellten auch ein Muster für die zweite Wiederkehr (Jesaja 11,11; Hesekiel 36,24-28) und die Wiederherstellung des Tempels dar ... Genauso wie Jeremia und Jesaja den Sturz Babylons und die Wiederherstellung Israels in der Vergangenheit vorhergesagt hatten, so sagte Johannes dieselben Ereignisse auch für die Zukunft vorher (Offenbarung 17-20). Wenn die erste Zerstörung im Jahr 587 v. Chr. von einem Wiederaufbau gefolgt wurde, warum sollte dies dann bei der zweiten Zerstörung im Jahr 70 n. Chr. nicht auch der Fall sein? Und wenn sich die Gefäße im zweiten Tempel befanden, sollten sie sich dann nicht auch im dritten Tempel befinden? Der Text Jeremias gibt Grund zu der Annahme, daß die Antwort hierauf »Ja« zu lauten hat.[37]

Das Hauptproblem bei Dr. Prices Darlegung besteht darin, daß seine Schlußfolgerungen lediglich auf Annahmen basieren. Keine der erwähnten Textstellen enthält wirkliche Tatsachen, die seine Schlußfolgerungen untermauern und unterstützen könnten.

Es kann durchaus sein, daß die Bundeslade wiederaufgefunden und sich daraufhin im dritten Tempel befinden wird, doch für eine derartige Behauptung findet sich in der Bibel keine Grundlage. Wenn die Bundeslade wiedergefunden würde, vielleicht sogar unter dem Tempelberg, dann wäre dies sicherlich für viele Bewohner Israels ein Argument dafür, daß diese nur in einem wiederauferbauten Tempel gebührend untergebracht werden könnte. Weiterhin könnte man argumentieren, die Vorsehung Gottes sei bei ihnen, da er selbst ihnen das wichtigste Utensil des Tempels zur Verfügung gestellt hatte.

Es könnte durchaus sein, daß die Bundeslade eines Tages wiederaufgefunden wird, doch die Bibel schreibt etwas Derartiges nicht vor. Wenn Israel der Meinung ist, daß sich eine Bundeslade im dritten Tempel befinden müsse, so könnte Israel dieses Bedürfnis nach Tempelgegenständen dadurch stillen, daß es den wiederauferbauten Tempel mit neuen Utensilien und Gegenständen, einschließlich der Bundeslade, ausstattet.

Teil 4

Was wissen wir noch über den Tempel des Millenniums?

17. Weshalb wird es einen Tempel des Millenniums geben?

Sinn und Ziel des Tempels des Millenniums finden sich in Hesekiel 37,26-28:

> Und ich schließe mit ihnen einen Bund des Friedens, ein ewiger Bund wird es mit ihnen sein; den gebe ich ihnen und lasse sie zahl-

reich werden und setze mein Heiligtum in ihre Mitte für ewig. Und meine Wohnung wird über ihnen sein; und ich werde ihnen zum Gott und sie werden mir zum Volk sein. Und die Nationen werden erkennen, daß ich der Herr bin, der Israel heiligt, wenn mein Heiligtum für ewig in ihrer Mitte ist.

Laut den Aussagen des Herrn wird der Tempel des Millenniums dazu dienen, Jesus zu rechtfertigen und seinen Namen unter den Nationen bekannt zu machen. In Hesekiel 37,21-28 erfahren wir, daß bei der Wiederkunft Christi eine ganze Reihe von Versprechen für das Volk Israel erfüllt werden. Eines dieser Versprechen ist die Gegenwart Gottes in seinem neuen Heiligtum, dem Tempel des Millenniums. Genauso wie Gott nach der Befreiung Israels aus Ägypten in der Stiftshütte gegenwärtig war, so wird er auch unter seinem Volk weilen, nachdem dieses Jesus Christus als den Messias angenommen hat.

18. Weshalb werden im Tempel des Millenniums Opfer stattfinden?

Ein Aspekt des Tempels des Millenniums, der in Hesekiel 40-46, insbesondere in Kapitel 43,13-27 beschrieben wurde, wirft jedoch einige Fragen auf – hierbei handelt es sich um den Zweck und die Rolle des zukünftigen Opfers. Mindestens vier Stellen des Alten Testamentes bestätigen die Aussage Hesekiels, daß im Tempel des Millenniums Opfer dargebracht werden (Jesaja 56,7; 66,20-23; Jeremia 33,18; Sacharja 14,16-21; Maleachi 3,3-4).

Wenn wir diese Opfer im Tempel des Millenniums nun wörtlich verstehen, widersprechen wir dann Bibelstellen wie zum Beispiel Hebräer 7,26-27 und 9,26, die lehren, daß Jesus Christus das vollkommene und letzte Opfer für die Sünde war? Jene Gelehrten, welche die Auffassung des Prämillennialismus vertreten, sind sich dieser Probleme durchaus bewußt. Dr. John F. Walvoord hat diese Bedenken erkannt und schreibt:

> Das einzig wirkliche Problem bezüglich eines zukünftigen und wörtlich zu verstehenden Tempels besteht nicht in der Frage, ob ein derartiger Tempel während des Millenniums errichtet werden könnte, sondern in der Tatsache, daß bei einer wörtlichen Interpretation des Tempels auch die Tempelrituale und Opfer wörtlich verstanden werden müßten ... Dies führt natürlich zu der Frage, weshalb die Opfervorschriften während des Millenniums eingehalten werden sollten, wenn das Opfer Jesu Christi eine endgültige Erfüllung des Opfersystems des Alten Testamentes bedeutete. Während es zwar noch weitere, weniger bedeutende Einwände gegen eine wörtliche Interpretation gibt, so ist es doch offensichtlich, daß dies das größte Hindernis darstellt, und

> zwar nicht nur im Hinblick auf das Opfersystem, sondern auch im Hinblick auf die Möglichkeit des zukünftigen Tempels während des Millenniums.[38]

Bezüglich dieser Frage gibt es mindestens zwei legitime Erklärungen. Die erste besteht in der Auffassung vieler Prophetielehrer und Prophetieschüler, daß die Opfer als eine Art Gedenken an das Werk Christi fungieren können. Dr. Jerry Hullinger faßt diese Ansicht wie folgt zusammen:

> Laut dieser Auffassung werden die Opfer während der irdischen Herrschaft Christi eine sichtbare Erinnerung an sein Werk am Kreuz darstellen. Somit werden die Opfer lediglich dahingehend von Bedeutung sein, daß sie des Todes Christi gedenken. Das wichtigste Argument für diese Auffassung vergleicht das zukünftige Opfersystem mit dem Abendmahl Jesu Christi, denn genauso wie das Abendmahl den Blick zurück auf das Kreuz richte, ohne daß dadurch dessen Herrlichkeit beschmutzt würde, so werde dies auch beim Opfer des Millenniums der Fall sein.[39]

Diese Ansicht kann jedoch nicht alle Bedenken bezüglich dieser Opfer vollkommen ausräumen. Laut Hesekiel besteht das Ziel dieser Opfer nicht im Gedenken, sondern vielmehr in der *Sühne* (Hesekiel 45,15.17.20). Deshalb besteht auch die zweite Erklärung bezüglich des Zieles dieser Opfer darin, daß diese Zeichen einer zeremoniellen Reinigung sein sollen. Anstatt nun in den Opfern lediglich ein Gedenken zu sehen, schlägt Hullinger vor:

> ... eine Lösung, welche die glaubensspezifischen Kennzeichen beibehält, dem Text Hesekiels gerecht wird und in keiner Weise das Werk Christi am Kreuz mindert. Diese Studie geht davon aus, daß die Tieropfer während des Millenniums in erster Linie als Reinigungszeremoniell dienen und somit eine Entweihung und Verschmutzung des von Hesekiel vorhergesagten Tempels verhindert werden. Dies wird nötig sein, weil Jahwe erneut in seiner ganzen Herrlichkeit inmitten eines sündigen und unreinen Volkes auf der Erde wohnen wird.[40]

Und er kommt zu folgendem Schluß:

> Aufgrund des Versprechens Gottes, während des Millenniums auf der Erde zu wohnen (wie im Neuen Bund erwähnt), ist es notwendig, daß er seine Gegenwart durch diese Opfer schützt ... Weiterhin sollte angemerkt werden, daß dieses Opfersystem nur temporärer Natur sein wird, da das Millennium (in dem sich auch Menschen befinden werden, die noch nicht verherrlicht sind) nur eintausend Jahre andauern wird.

> In der Ewigkeit werden alle Bewohner des neuen Jerusalems verherrlicht sein und deshalb auch keine Quelle direkt übertragbarer Unreinheiten mehr darstellen, welche die Heiligkeit Jahwes beschmutzen könnten.[41]

Werden die Existenz wie auch das Ziel dieser Opfer wie folgt verstanden, so wird hierdurch weder das Werk Christi gemindert noch gegen die normale und »wörtliche« Interpretation der Prophetien verstoßen. Während des Millenniums werden zwar Opfer dargebracht werden, das Zentrum jeglicher Anbetung wird jedoch stets in der Person und dem Werk des Erretters bestehen.

Die im Tempel des Millenniums dargebrachten Opfer werden keine Rückkehr zum Gesetz des Mose darstellen, da dieses Gesetz durch Jesus Christus für alle Zeiten erfüllt und beendet wurde (Römer 6,14-15; 7,1-6; 1. Korinther 9,20-21; 2. Korinther 3,7-11;. Galater 4,1-7; 5,18; Hebräer 8,13; 10,1-14). Statt dessen wird es, wie Dr. Arnold Fruchtenbaum anmerkt:

> ... ein Opfersystem geben, das während des Millenniums eingesetzt werden wird und eine gewisse Ähnlichkeit mit dem mosaischen System aufweist, sowie auch einige neue Gesetze. Genau aus diesem Grund darf auch das Opfersystem des Millenniums nicht als eine Wiedereinsetzung des mosaischen System betrachtet werden, da

> dies nicht der Fall ist. Hierbei wird es sich um ein neues System handeln, das Altes und Neues enthält und zu einem vollkommen anderen Ziel eingesetzt werden wird.[42]

19. Wer wird den Tempel des Millenniums errichten?

In der Bibel erfahren wir, daß Jesus höchstpersönlich, der Messias des Volkes Israel, der in der Prophetie auch als der »Sproß« bezeichnet wird, den Tempel des Millenniums errichten wird.

> Und nimm Silber und Gold und mach eine Krone! Und setze sie auf das Haupt des Hohenpriesters Joschua, des Sohnes Jozadaks! Und sage ihm: So spricht der Herr der Heerscharen: Siehe, ein Mann, Sproß ist sein Name! Und es wird unter ihm sprossen, und er wird den Tempel des Herrn bauen. Ja, er wird den Tempel des Herrn bauen, und er wird Hoheit tragen und wird auf seinem Thron sitzen und herrschen. Auch wird ein Priester auf seinem Thron sein; und der Rat des Friedens wird zwischen ihnen beiden sein (Sacharja 6,11-13).

Vielleicht wird er den Tempel ja zu einer bestimmten Zeit während der Ereignisse seiner Wiederkehr vom Himmel mit auf die Erde herabbringen.

Bei seiner Wiederkehr werden bedeutende topographische Veränderungen im Land Israel stattfinden, damit der riesige Tempel des Millenniums dort besser untergebracht werden kann.

> Und seine Füße werden an jenem Tag auf dem Ölberg stehen, der vor Jerusalem im Osten (liegt); und der Ölberg wird sich von seiner Mitte aus nach Osten und nach Westen spalten zu einem sehr großen Tal, und die (eine) Hälfte des Berges wird nach Norden und seine (andere) Hälfte nach Süden weichen (Sacharja 14,4).

Zusätzlich zu einer neuen Plattform für den Tempel des Millenniums werden Jerusalem und die Umgebung der Stadt Davids als Vorbereitung für Israels Rolle während der messianischen Herrschaft erhöht werden:

> Und der Herr wird König sein über die ganze Erde; an jenem Tag wird der Herr einzig sein und sein Name einzig: Das ganze Land wird sich verwandeln, (so daß es wird) wie die Niederung von Geba bis Rimmon im Süden von Jerusalem. Jerusalem selbst aber wird erhaben sein und an seiner Stätte bleiben, vom Tor Benjamin bis zur Stelle des ersten Tores, bis zum Ecktor, und vom Turm Hananel bis zu den Kelterkufen des Königs. Und man wird darin wohnen. Und einen Bann wird es nicht mehr geben, und Jerusalem wird in Sicherheit wohnen (Sacharja 14,9-11).

Für den modernen Juden, der sich nach dem Messias und dem Wiederaufbau des dritten Tempels sehnt, besteht ein gewisses Problem bezüglich der Aussagen des Alten Testamentes im Hinblick auf die Struktur und die Maße des Tempels des Millenniums. Die im Alten Testament erwähnte Struktur könnte auf keinen Fall auf dem gegenwärtigen, 35 Morgen großen Tempelberg untergebracht werden. Demzufolge haben manche dieses Problem dadurch gelöst, daß sie sich auf die Dimensionen der vorherigen beiden Tempel beschränken, jedoch davon ausgehen, daß der dritte Tempel während des Millenniums von Bedeutung sein wird.

Für die meisten Christen stellt sich dieses Problem nicht, da sie der Auffassung sind, daß es noch zwei weitere Tempel geben wird. Der nächste Tempel wird der Tempel der Trübsalszeit sein, der jedoch nicht sehr lange existieren wird und nach dem Muster des salomonischen Tempels auf dem gegenwärtigen Tempelberg errichtet werden wird. Die Mehrzahl der Christen glaubt jedoch, daß es des weiteren einen vierten Tempel geben wird, dessen Struktur und Maße wortwörtlich den Angaben Hesekiels folgen werden und der eintausend Jahre lang zur Zeit der tausendjährigen Herrschaft Christi über die Erde bestehen wird.

20. Wird der Tempel des Millenniums ewig Bestand haben?

Während das Millennium und der Tempel des Millenniums ein tausendjähriger Vorgeschmack auf die Ewigkeit sein werden, so wird der vierte Tempel doch nicht für alle Ewigkeiten Bestand haben. Im nachfolgenden Text beschrieb Johannes einige Charakteristika der Ewigkeit:

> Und ich sah einen neuen Himmel und eine neue Erde, denn der erste Himmel und die erste Erde waren vergangen, und das Meer ist nicht mehr. Und ich sah die heilige Stadt, das neue Jerusalem, aus dem Himmel von Gott herabkommen, bereitet wie eine für ihren Mann geschmückte Braut. Und ich hörte eine laute Stimme vom Thron her sagen: Siehe, das Zelt Gottes bei den Menschen! Und er wird bei ihnen wohnen, und sie werden sein Volk sein, und Gott selbst wird bei ihnen sein, ihr Gott ... Und ich sah keinen Tempel in ihr, denn der Herr, Gott, der Allmächtige, ist ihr Tempel, und das Lamm (Offenbarung 21,1-3.22).

Scheinbar wird in der Ewigkeit kein Tempel mehr vonnötigen sein, da die Geschichte für immer beendet sein wird und die Geretteten und die Verdammten für alle Ewigkeiten voneinander getrennt sein werden. Die Sünde in all ihren schändlichen Aspekten wird für immer abgeschafft sein, und somit wird es auch kein Bedürfnis nach einem gereinigten Heiligtum mehr geben, in dem die heilige Gegenwart Gottes unter den sündigen Menschen weilen könnte. Alle Gläubigen werden für alle Zeiten durch die Tat Jesu Christi gereinigt werden und einen wiederauferstandenen Leib erhalten. In der Ewigkeit werden die Gläubigen zum ersten Mal direkten Zugung zu Gott haben, ohne daß sie ihm durch den Schutz eines Tempelrituals begegnen müßten.

Teil 5

Welche Bedeutung haben diese Tempel für heutige Christen?

21. Weshalb sind die früheren Tempel Israels von Bedeutung?

Die früheren Tempel Israels sind von Bedeutung, weil diese in der Geschichte davon zeugen, daß Gott den Menschen gegenüber immer wieder gnädig ist und ihnen nachgeht – auch wenn wir sündigen Menschen alles nur Erdenkliche unternehmen, um unserem heiligen Gott aus dem Weg zu gehen. Die Stiftshütte und die früheren Tempel legen Zeugnis davon ab, daß der sündige Mensch nicht für alle Ewigkeiten von seinem heiligen Gott getrennt sein wird, sondern daß Gott durch einen einzigen, gerechten und seinem hohen Maßstab der Heiligkeit entsprechenden Weg erreicht werden kann. Eine derartige Illustration der Bedingungen Gottes für eine Gemeinschaft mit ihm zeigt sowohl seine Heiligkeit als auch die Sündhaftigkeit der Menschen. Eine derartige Erkenntnis bereitet den Weg für den gerechten Maßstab, der nur durch Jesus Christus erfüllt werden kann – »der gerecht ist und den rechtfertigt, der des Glaubens an Jesus ist« (Römer 3,26).

22. In welcher Hinsicht ist der geistliche Tempel von Bedeutung?

Da ein Tempel ein Wohnort Gottes ist, in dem der allgegenwärtige Gott der Bibel seine Gunst gegenüber einem bestimmten Volk dadurch erweist, daß er unter ihm wohnt, werden im gegenwärtigen Zeitalter sowohl die Gemeinde als Ganzes als auch jeder einzelne Gläubige in Christus als der geistliche Tempel Gottes bezeichnet. Während des Gemeindezeitalters offenbart Gott seine Herrlichkeit und seine Gegenwart nicht durch einen steinernen Tempel, sondern durch einen lebendigen Tempel, der aus jedem einzelnen Mitglied des Leibes Christi besteht. Hierbei handelt es sich um ein ganz spezielles Privileg, das uns zu einer göttlichen Lebensführung motivieren und uns das Bewußtsein vermitteln soll, daß wir der geistliche Tempel Jesu Christi sind.

23. In welcher Hinsicht ist der Tempel der Trübsalszeit von Bedeutung?

Der Tempel der Trübsalszeit ist von Bedeutung, weil es sich hierbei um jenen Tempel handelt, den viele Juden in Israel zur gegenwärtigen Zeit wiederaufzubauen versuchen. Wenn wir wissen, was die Bibel über die Tempel der Vergangenheit, Gegenwart und Zukunft sagt, verfügen wir somit über das notwendige Gerüst, um den dritten Tempel aus der Perspektive Gottes heraus sehen zu können. Obwohl sich die Hoffnungen der Juden hinsichlich des nächsten Tempels mit einer Hoffnung auf einen messianischen Tempel verknüpfen, so sagt die Bibel doch ganz klar, daß jener Tempel der nicht sehr lange existierende Tempel des Antichristen sein wird.

Die Tatsache der Wiederherstellung des Staates Israel im Jahr 1948, die Rückeroberung Jerusalems im Jahr 1967 und die verstärkten Anstrengungen zum Wiederaufbau des Tempels von seiten der Juden lassen darauf schließen, daß wir uns dem Ende des gegenwärtigen Gemeindezeitalters und dem Beginn der Trübsalszeit nähern. Gottes Endzeitszenario nimmt Formen an und konzentriert sich auf einen wiederauferbauten Tempel in Jerusalem. Gottes Hand ist spürbar am Werk.

24. In welcher Hinsicht ist der Tempel des Millenniums von Bedeutung?

Der Tempel des Millenniums zeigt uns das letztendliche Ziel der Geschichte. Dieser Tempel legt Zeugnis über Gottes Pläne für seine Nation von Priestern – das Volk Israel – ab. Er zeigt uns, daß Gott stets ein heiliger Gott sein wird, der erwartet, daß jene, die mit ihm Gemeinschaft haben, diese Gemeinschaft auf der Basis absoluter Heiligkeit ausführen. Diese Heiligkeit kann jedoch nur durch das gnädige und erlösende Werk Jesu Christi am Kreuz erreicht werden.

Wie auch bei allen anderen Dingen der Zukunft, schenkt uns der Tempel des Millenniums Zuversicht, in den gegenwärtigen Zeiten der Dunkelheit mutig für die Wahrheit einzustehen – und zwar in dem Bewußtsein, daß Gottes Plan sein Volk zum Sieg führen wird.

Schlußbemerkung

In der jüdischen Literatur gibt es einen Ausspruch, der besagt, daß »Israel der Mittelpunkt der Welt ist; Jerusalem der Mittelpunkt Israels und der Tempel der Mittelpunkt Jerusalems.«[43] Diese alte Weisheit stimmt auch mit dem biblischen Text und dem prophetischen Plan Gottes überein. Israel, Jerusalem und der Tempel spielen eine einzigartige Rolle in Vergangenheit, Gegenwart und Zukunft. Die Tempel der Vergangenheit waren großartig und prachtvoll; und auch die Tempel der Zukunft werden von Pracht und Reichtum geprägt sein. Doch so wichtig die äußerlichen Umstände des Tempel der Trübsalszeit und des Tempels des Millenniums auch sein mögen, so sollte unser Hauptaugenmerk doch auf dem einen des Tempels des Millenniums liegen – dem Herrn Jesus Christus –, dem »seligen und alleinigen Machthaber, ... dem König der Könige und Herrn der Herren« (1. Timotheus 6,15).

Eine Chronologie des Tempels

ca. 2000 v. Chr. Abraham und Isaak opfern einen Widder auf dem Berg Morija

ca. 1400 v. Chr. Moses beschreibt den Dienst, der im zukünftigen zentralen Heiligtum (dem Tempel) versehen werden soll

996 v. Chr. David ernennt Jerusalem zu seiner Hauptstadt und läßt die Bundeslade an eine Stätte in unmittelbarer Nähe des Tempelberges bringen

ca. 990 v. Chr. David kauft die Dreschtenne Araunas, des Jebusiters, als Stätte für den ersten Tempel

950 v. Chr. Salomo stellt den ersten Tempel fertig

586 v. Chr. Zerstörung des Tempels durch die Babylonier

515 v. Chr. Serubbabel baut den Tempel wieder auf

332 v. Chr. Alexander der Große erobert Jerusalem, verschont jedoch den Tempel

169-167 v. Chr. Antiochus Epiphanes entweiht den Tempel

20 v. Chr.-64 n. Chr. Herodes der Große erweitert den zweiten Tempel

ca. 26-29 n. Chr. Jesu Dienst bezieht sich auf den Tempel

70 n. Chr. Zerstörung des Tempels durch die Römer

132-135 n. Chr. Eventuell Wiederaufbau des Tempels durch Bar Kochba

363 n. Chr. Julian der Abtrünnige versucht einen Wiederaufbau des Tempels; seine Versuche scheitern jedoch

443 n. Chr. Kaiserin Eudoxia erlaubt den Wiederaufbau des Tempels; Versuch scheitert

614 n. Chr. Persischer Versuch des Wiederaufbaus des Tempels scheitert

691 n. Chr. Muslime stellen die Moschee des Felsendoms auf dem Tempelberg fertig

1917 n. Chr. Jerusalem wird von den Briten erobert

14. Mai 1948 Israel wird ein eigenständiger Staat

7. Juni 1967 Israel erobert während des Sechs-Tage-Krieges den Tempelberg zurück

17. Juni 1967 Mosche Dayan unterstellt den Tempelberg erneut der Kontrolle des muslimischen Waqfs

1967-heute Versuche zum Wiederaufbau des dritten Tempels von seiten der Juden.[44]

Anmerkungen

1 Richard N. Ostling, »Time for a New Temple?«, *Time* Magazine, 16.Oktober 1989, S. 64-65.
2 Gerschon Salomon zitiert in Patti Lalonde, »Building the Third Temple«, *This Week in Bible Prophecy Magazine,* April 1995, S. 22
3 Thomas S. McCall und Zola Levitt, *Satan in the Sanctuary* (Chicago: Moody Press, 1973), S. 33.
4 Thomas Ice und Randall Price, *Ready to Rebuild: The Imminent Plan to Rebuild the Last Day's Temple* (Eugene, OR: Harvest House Publishers, 1992), S. 43.
5 Ibid., S. 41-42.
6 John F. Walvoord, *The Prophecy Knowledge Handbook* (Wheaton, IL: Victor Books, 1990), S. 257.
7 Tim LaHaye, *How to Study Bible Prophecy for Yourself* (Eugene, OR: Harvest House Publishers, 1990), S. 110.
8 Charles C. Ryrie, *The Ryrie Study Bible, New American Standard Translation* (Chicago: Moody Press, 1978), Fußnote zu 2.Thessalonicher 2,4.
9 Ice and Price, *Ready to Rebuild, S. 55.*
10 Die Mischna besagt, dieser Felsen habe sich seit der Zeit der frühen Propheten (also seit der Zeit Davids und Salomos) an diesem Ort befunden und sich drei Fingerbreiten über den Erdboden erhoben (*Joma* 5,2).
11 Midrasch, *Radbaz*, Responsa, 2 (1882), Nrn. 639, 691.
12 Ice and Price, *Ready to Rebuild, S. 55+57.*
13 Talmud, *Sukkah* 51,b.
14 Ice and Price, *Ready to Rebuild, S. 70.*
15 Hal Lindsey, *There's a New World Coming* (Santa Ana, CA: Vision House Publishers, 1973), S. 160.
16 Bezüglich einer Widerlegung dieser Theorie sei hier verwiesen auf H. Wayne House und Thomas Ice, *Dominion Theology: Blessing or Curse? (Portland, OR: Multnomah Press, 1988), S. 217-334.*

17 John F. Walvoord, *Major Bible Prophecies: 37 Crucial Prophecies that Affect You Today* (Grand Rapids: Zondervan Publishing House, 1991), S. 396, 397, 401-402.

18 Michael Avi-Yonah, *The Jews of Palestine* (Oxford: Basil Blackwell, 1976), S. 13.

19 Rabbi Leibel Reznick, *The Holy Temple Revisited* (Northvale, NJ: Jason Aronson, Inc., 1990), S. 156.

20 *Paschal Chronicle* P.G. 92, 613; siehe auch Benjamin Mazar, *The Mountain of the Lord* (New York: Doubleday and Co., 1975), S. 236.

21 Bezüglich ausführlicher Intermationen hinsichtlich der Versuche des Wiederaufbaus des Tempels sei verwiesen auf Ice und Price, *Ready to Rebuild,* S. 25-38, 73-83.

22 Don Stewart und Chuck Missler, *The Coming Temple: Center Stage for the Final Countdown* (Orange, CA: Dart Press, 1991), S. 84-85.

23 Ibid., S. 84.

24 *Jerusalem Post* (Internationale Ausgabe), 12. August 1995. Der in dieser Ausgabe erwähnte Vorfall handelt von der Verhaftung von 20 Juden, die versuchten, auf dem Tempelberg zu beten. Hierbei handelt es sich um keine sehr außergewöhnliche Geschichte, sondern sie ist vielmehr typisch für die beständigen Unruhen auf dem Tempelberg.

25 Bezüglich ausführlicher Informationen hinsichtlich des Versuches des Wiederaufbaus des Tempels sei verwiesen auf Ice und Price, *Ready to Rebuild.*

26 Randall Price, aufgezeichnetes Interview mit Gerschon Salomon, 24.Juni 1991.

27 Ice und Price, *Ready to Rebuild,* S. 173-174.

28 Ibid., S. 180.

29 Ausführliche Informationen bezüglich gegenwärtiger jüdischer Aktivitäten in Israel zum Wiederaufbau des Tempels finden Sie in Ice und Price, *Ready to Rebuild,* und Randall Price, *In Search of Temple Treasures* (Eugene, OR: Harvest House Publishers, 1994).

30 Bezüglich genauerer Details und einer ausführlichen Widerlegung dieser Ansicht sei verwiesen auf Ice und Price, *Ready to Rebuild,* S. 154-158.

31 Bezüglich einer ausführlicheren Darlegung und Unterstützung der Auffassung Kaufmans sei verwiesen auf Stewart und Missler, *The Coming Temple*, S. 145-56; und Hal Lindsey, *A Prophetical Walk Through the Holy Land* (Eugene, OR: Harvest House Publishers, 1983), S. 57-75. Bezüglich einer ausführlicheren Wiederlegung der Ansicht Kaufmans sei verwiesen auf Ice und Price, *Ready to Rebuild, S. 158-163.*

32 Randall Price, aufgezeichnetes Interview mit Dan Bahat, Juli 1991.

33 James DeYoung, aufgezeichnetes Interview mit Dan Bahat, Juli 1991.

34 Randall Price, aufgezeichnetes Interview mit Chaim Richmond, 26.Juni 1991.

35 Randall Price, aufgezeichnetes Interview mit Dan Bahat, Juli 1991.

36 Einen Überblick über die vielen jüdischen Legenden bezüglich des Wiederauffindens der Bundeslade finden Sie in Price, *In Search of Temple Treasures.*

37 Price, *In Search of Temple Treasures*, S. 32-33.

38 John F. Walvoord, *The Millennial Kingdom* (Findlay, OH: Dunham Publishing, 1959), S. 310-311.

39 Jerry M. Hullinger, »The Problem of Animal Sacrifices in Ezekiel 40-48«, *Bibliotheca Sacra 152* (Juli-September 1995): 280.

40 Ibid., S. 281.

41 Ibid., S. 289.

42 Arnold G. Fruchtenbaum, *Israelology: The Missing Link in Systematic Theology* (Tustin, CA. Ariel Ministries Press, 1993), S. 810.

43 Midrasch, *Tanchuma,* Kedoshim 10.

44 Bezüglich einer detaillierteren Chronologie des Tempels siehe Ice und Price, *Ready to Rebuild,* S. 250-266.

In dieser Serie sind weiterhin folgende Titel lieferbar:

Die Wahrheit über:
Das Tausendjährige Reich
Best.-Nr. 326.814

Die Wahrheit über:
Der Antichrist und sein Reich
Best.-Nr. 326.815

Die Wahrheit über:
Das Jahr 2000 und die Wiederkehr Christi
Best.-Nr. 326.810

Die Wahrheit über: Die große Trübsal
Best.-Nr. 326.811

Die Wahrheit über: Die Entrückung
Best.-Nr. 326.812

Die Wahrheit über:
Jerusalem in der biblischen Prophetie
Best.-Nr. 326.813

Bitte bestellen Sie bei: